MİNE ÖLMEZ

Hiçbir Şeyden Her Şey Mümkündür

DESTEK YAYINLARI: 1750
KİŞİSEL GELİŞİM: 307

MİNE ÖLMEZ / HİÇBİR ŞEYDEN HER ŞEY MÜMKÜNDÜR

İmtiyaz Sahibi: Destek Yapım Prodüksiyon Dış Tic. A.Ş.
Genel Yayın Yönetmeni: Ertürk Akşun
Yayın Koordinatörü: Özlem Esmergül
Üretim Koordinatörü: Semran Karaçayır
Editör: Özlem Esmergül
Son Okuma: Devrim Yalkut
Kapak Tasarım: İlknur Muştu
Sayfa Düzeni: Cansu Poroy
Sosyal Medya-Grafik: Mesud Topal-Nursefa Üzüm Kalender-Samet Ersöz
Reklam ve Tanıtım: Selen Çavuşovalı-Işıl Ilgıt Şimşek

Destek Yayınları:
1.-8. Baskı: Mayıs 2023
Yayıncı Sertifika No. 43196

ISBN 978-625-441-907-2

Abdi İpekçi Caddesi No. 31/5 Nişantaşı/İstanbul
Tel. (0) 212 252 22 42
Faks: (0) 212 252 22 43
www.destekdukkan.com
info@destekyayinlari.com
facebook.com/DestekYayinevi
twitter.com/destekyayinlari
instagram.com/destekyayinlari

Deniz Ofset – Çetin Koçak
Sertifika No. 48625
Maltepe Mahallesi
Hastane Yolu Sokak No. 1/6
Zeytinburnu / İstanbul
Tel. (0) 212 613 30 06

MİNE ÖLMEZ

Kova Çağı'nda Bilinç Devrimi

Bireysel ve Toplumsal İyileşme

Hiçbir Şeyden Her Şey Mümkündür

İÇİNDEKİLER

Dilden dökülen dualar/ses, maddeyi etkiler.
Duaların ve seslerin şekilleri vardır. Her biri canlı varlıklara
dönüşürler ve yanımızda dolaşırlar.

– İbni Arabi

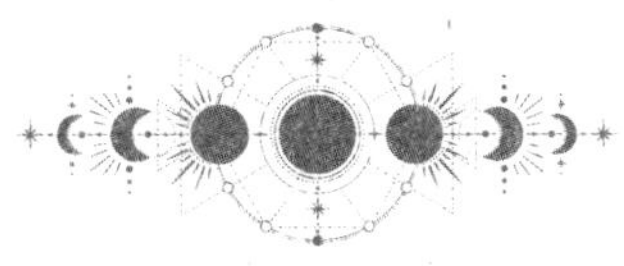

Bir Devir Sonra Erdi, Artık Yeni Bir Devir Başlıyor

Plüton Kova burcuna geçerek, bir devri sonlandırıyor ve yeni bir devri başlatıyor. Artık hiçbir şeyin eskisi gibi olamayacağı yepyeni bir çağa adım atıyoruz. Bütün bildiklerimizi unutma zamanındayız.

Şimdiye kadar kullandığımız hiçbir yöntem, hiçbir bilgi işe yaramayacak. Kova Çağı'nda yeni yöntemlerle, yeni bilgilerle ilerliyor olacağız. Bunun için tabii ki yeni bir bilince, yeni bir yaklaşıma ihtiyacımız olacak.

Bundan böyle gelişmek, iyileşmek ve mutlu olmak adına kendimiz için ne yapıyorsak aynısını toplum için de yapabiliyor olmayı öğreneceğiz. Kendimiz için ne diliyorsak, toplum için de aynısını dileyeceğiz. Kendimize yaptığımız her yatırımı topluma da borçluyuz bundan böyle...

Bencilliklerin, bireyselliğin, narsisizmin, egonun, "Bana dokunmayan yılan bin yaşasın!" düşüncesinin, "Bana ne canım onu da mı ben düşüneyim?" yaklaşımının, "Benden sonrası tufan, herkes kendini kurtarsın!" tutumunun sonuna geldik.

Bencillik ve bir kişiyi özel ve önemli kılan, diktatörlüklerin ve tiranların kurduğu baskıcı düzenlerin yıkılacağı yeni bir çağa girerken, kendi eski düzenlerimizi de sonlandırıp yeni düzenler inşa ediyor olacağız.

Artık bilginin, bilincin, duyarlılığın, eğitimin, bilimin, uzmanlığın çağı başlıyor. Kova burcuna yerleşen Plüton, "İnsan" olmayanı, olamayanı silip atacaktır. Artık insanca olmayan, insanlığa hizmet etmeyen her şeyin sonu geliyor.

Yalanla, algı yönetimiyle, manipülasyonla gerçeklikten tamamen kopmuş bir çağı geride bıraktık. Bundan böyle bilgi ve netlik esas...

Üzerine çok konuşulan 21 Aralık 2020 tarihinde ne olmuştu?

Jüpiter ve Satürn 0 (sıfır) derece Kova burcunda kavuşmuştu. Bu tam anlamıyla bir sıfırlanma demektir, yani yeni bir devrin başlamasıdır. Kova burcu, bilgelik suyunda yıkanan ve dünyaya da bu suyu aktaran insan sembolüyle ifade edilir. Bu da üstün aklı kullanmayı ve bilinçli akılcılığı temsil etmektedir. Ayrıca çok derin de mesajlar içerir.

Geçmişte astrologlar böyle zamanların bir kurtarıcının doğumuna işaret ettiğinden bahsederler ve ne ilginçtir ki Hz. Muhammed (sav) büyük bir peygamber ve kurtarıcı olarak, Atatürk de yine bir kurtarıcı ve devrimci bir komutan olarak bu iki gezegenin kavuştuğu tarihlerde doğmuşlardır.

Yani yeni bir kurtarıcı... Yeni bir dönem...

Tam olarak Kova Çağı'na geldiğimizi söyleyemesek de Kova Çağı'nın şafağındayız adeta... Bir ilk dönem yaşıyoruz aslında ve bu hiçbir şeyin eskisi gibi olmayacağının habercisidir.

Yeni bir devrimci mi doğacak? Yepyeni bir ruh mu uyanacak? Dünya kabuğunu değiştirirken iyiyle kötünün savaşı yeniden mi kızışacak?

21 Aralık 2020 Jüpiter-Satürn kavuşumuyla birlikte Kova Çağı'na girdiğimiz söylendi ama 200 yıl devam edecek bir döngünün henüz çok başındayız aslında. Bundan önce yaklaşık 200 yıl süren toprak elementinde Jüpiter-Satürn kavuşumlarının sonuncusunu 2000 yılı Mayıs'ında deneyimledik. 1999'da

tam kavuşumda değillerdi ama ikisi de bir toprak elementi olan Boğa burcunu teşrif etmişlerdi. Bu kavuşum bile bizi 17 Ağustos 1999 depremiyle nasıl da sarsmıştı.

Şimdi artık 2020 yılının sonu itibariyle hava elementinde (İkizler, Terazi, Kova) Jüpiter ve Satürn kavuşmaya devam edecek. Akılcılığı, bilginin önemini ve teknolojiyi en yüksek seviyede deneyimliyor olacağız. Bundan böyle gerçek bilgiden ve akıldan başka kurtarıcımız olmayacak.

Biz, hayatta kalmak için büyük çabalar ve keşifler içine girmek zorunda olmadığımız koşulların içine doğduk. Su içmek için kaynak bulmak zorunda değildik, evlerimizde musluklardan gürül gürül su akıyor ve su içmek için sipariş vermemiz kâfi... Karnımızı doyurmak için kendi patatesimizi kendimiz yetiştirmek zorunda kalmadık. Denizler de, ormanlar da, doğa da bizim için yaratılmış gibi davrandık. Ancak şimdi emek ve çaba gerektiren, kıymet bilmeyi hatırlatacak olan yeni bir çağ açılıyor önümüzde. Kendini doğanın ve dünyanın efendisi sanan bu dünya nesli, aklını kullanmadan bencilce hareket etme tutumunu terk etmek zorunda kalacak. Bundan böyle aklını kullanan, teknolojiyi üst seviyede yönetebilen, duyarlı ve kıymet bilinci kuvvetli insanlar gücü ellerinde tutuyor olacaklar. Dünyaya doğan hiç kimse her şeyin sahibi olamayacak ya da böyle hissedemeyecek artık.

Daha yolun başındayız ama önümüzde açık ve net biçimde yeni çağın kilit kavramları duruyor:

İnsanlık...

Birlik bilinci...

Halkçılık, halk sevgisi...

Halka hizmet ve Hakk'a hizmet prensibi...

Üst aklı kullanma becerisi...

Teknolojiye sağduyulu bir hâkimiyet...

Ya da teknolojinin insanlığa hâkim olma serüveni içinde hem insan kalan hem "Can"a saygı duyanların, cana acımayanlarla savaşına tanık olacağız gibi görünüyor.

Bir kurtarıcı da doğar mı bilinmez. Ama geçmişte hep böyle olmuş... Bir kurtarıcı gelmiş ve düzeni daha adil ve insancıl koşullarla yeniden düzenlemiş.

Bize düşen insanlığımızı, beden ve ruh sağlığımızı kaybetmeden insan kalarak "Can"ın kutsal mücadelesinde temiz birer nefer olmak ve dünyamızın yok olmaması için gerçekten sorumlu davranmak olacak.

Hava elementi, akılla, zekâyla, bilimle, uzay ve uzayla ilgili her şeyle, astronomiyle, astronomlarla, uzay mekikleriyle, hatta uzaylılarla da ilişkilendirilir. Bu yüzden biz bu çağa "Uzay Çağı" da diyebiliyoruz. Hatta son zamanlarda sıkça gündeme gelen UFO haberlerinin de destekleyeceği gibi Uzaylılar Çağı da denebilir. Yaşanacaklarla ilgili konu başlıklarımız ne olsa da neler olacağı tabii sürpriz...

Bize düşen sorgulamak... Her verileni olduğu gibi almak yerine araştırmak, sormak, peşine düşmek...

"Bir gün babama, işleri diğer insanlar gibi yapamadığım için üzüldüğümü söyledim. Babamın nasihati şu olmuştu: Margo, koyun olma lütfen. İnsanlar koyunları sevmezler. İnsanlar koyunları yerler."

– Margo Kaufman

Bu sözü bir kitapta okumuştum ve çok sevmiştim. Sahiden de insanlar koyunları yiyorlar, onları sevmiyorlar, koyun olmamak gerekiyor. Koyunlar hep kurttan korkarlar, kurttan kaçarlar ama günün sonunda onları çoban yer...

Aklını kullanmayı tercih etmezsen, daha akıllı bu yeni sistemin içinde esamisi okunmayacaktır. Tarih daima tekerrürden ibarettir ve birbirine benzer döngülerle ilerler. Astroloji'ye sadece burçlardan ibaret bir sistem gibi bakma. Güneş merkezli haritalar, gezegenlerin manyetik çekim gücünün incelenmesi konuları da işin içine dahil olduğunda meteoroloji ya da başka bilimsel tahmin sistemleri bile yanılır ancak astroloji ve astronomi işbirliğiyle yapılan çalışmalar yanılmaz. Görünen o ki önümüzde zorlu yollar ve büyük değişimler var. Elbette her değişim sancılıdır...

Şimdiye kadar eğitimi de bilgisi de olmayan insanlar kitlelere hitap etmenin yollarını bulabildiler, kitleleri etkilediler, yönlendirdiler ve farkında bile olmadan kendi bilgisizlikleriyle onlara iyilik vaat ederken aslında en büyük kötülükleri yaptılar, kitlelere zarar verdiler, yanlış yönlendirdiler. Sosyal medyadan, kıymetli kurumsal alanlara kadar her yoldan kitlelerin hayatına sızmayı başardılar.

Sosyologlar geride bıraktığımız çağı narsisizm çağı olarak tarif ediyorlardı. Bilginin değil reklamın etkili olduğu, içeriğin değil görüntünün değerli kabul edildiği bu çağda, dünya insanı sadece kendisinin mutluluğuna odaklandı. "Her şey benim mutluluğum için yaratıldı, ben içlerinden seçim yapmakla mükellefim" inancı, insan ilişkilerini de, evlilikleri de, iş hayatını da, sosyal yaşamları da altüst etti.

Çorap seçer gibi sevgili seçer olduk, bize vitamin gibi günlük destek sağlayabilecek insanlar arasından arkadaş seçmeye çalıştık, sorunlu tipler diye düşündüğümüz dostları negatif enerji saçıyor diyerek etiketledik, trafikte yalnızca bizim geçiş hakkımız varmış gibi davranıp diğerlerini yok saydık, saygı duymadık, sıra beklemekten imtina ettik, öncelikli olabilmek için her türlü hileyi ve haksızlığı yapabilme özgürlüğünü kendimize helal kıldık, kendi evcil hayvanımızı doyurabiliyor olmayı kâfi saydık, yaşam hakları bile gasp edilen dilsiz canlıların acıklı kaderini haber bültenlerinde izleyip üzülmekle yetinmeyi daha uygun bulduk.

"Bunu da ben çözemem ki devlet var sonuçta!" dedik, bilgi sahibi olmadığımız halde sosyal medyada para karşılığı yalan bilgi sattık, "Bu yöntem bana iyi geldi, sana da iyi gelebilir" tavsiyesi verirken kime ne kadar zarar veriyor olabileceğimizi düşünmek bile istemedik, "Yeter ki karşılığında takipçi sayısı kazanabiliyor olalım" dedik.

Sevmediğimiz insanlarla görüşmedik, sevmediğimiz hayvanlarla ilgilenmedik, sevmediğimiz ortamlarda bulunmadık. Hiçbir şeyi nasıl sevebileceğimizi düşünmedik. "Hiçbir şeyi zorla sevemem ya?" deyip anlamayı bile tercih etmedik ve bu yüzden saygı da duymadık. Ne doğaya, ne canlılara, ne hayata saygı duyduk. Neyin bizi hoş ettiğine odaklandık sadece. Bizi hoş etmeyen her şey değersiz ve boş sayıldı.

Bu bilincin yerini artık yeni bir bilinç alıyor. Bu yeni çağda sadece yaptıklarımızdan değil yapmadıklarımızdan da sorumlu olduğumuzu öğreneceğiz. Öğrenemeyenler tabii ki elenecekler...

Sadece sevdiğimiz insanları korumaktan sorumlu değiliz, tanımadığımız insanları da korumak zorundayız, onların da haklarını gözetmek, bu uğurda emek vermek zorundayız. Sadece kendi evcil hayvanlarımızdan sorumlu değiliz, bütün hayvanların yaşam haklarından sorumluyuz. Sadece kendi oturduğumuz evlerin güvenliğinden değil komşumuzun

evinin de güvenliğinden sorumluyuz. Doğadan da sorumluyuz. "Beni ilgilendirmiyor!" dediğimiz her şey artık tam olarak ilgilendiriyor bizi...

Bundan böyle kullandığımız umumi tuvaletlerde bile bizden sonra gelecek olan insanın da sağlığını, hijyenini düşünüp, onun bu hakkına saygı duymayı bilerek hareket edeceğiz. "Ne yapayayım canım sanki ben bulduğumda çok temizdi!" düşüncesi, geride bıraktığımız çağda kaldı.

Bu yeni çağ bize bilgiyi ve saygıyı öğretecek, öğrenemeyenleri ise sistemin dışına itecek, eleyecek.

Dolayısıyla kitap boyunca burçlardan, uygulamalı çalışmalara kadar vereceğim her bilgi bireysel ve toplumsal iyileşmeye yönelik olacaktır. Daha önce de söylediğim gibi kendin için dilediğin her şeyi başkası için de dileyebiliyor olmalısın... Kendinin iyiliği için yaptığın her şeyi başkasının da iyiliği için yapabiliyor olmalısın. Kova Çağı'nda kendi hayatının mutluluğu, güzelliği, sağlığı ve güvenliği için neyi nasıl isteyeceğini, bunu başkalarının da yararını gözeterek nasıl sağlayabileceğini anlatıyor olacağım.

Artık bireysel iyileşme konusu çok önemli bir konu, çünkü bu iyileşmenin bundan böyle toplumsal iyileşmeye de katkısı olmak zorunda.

Plüton'un yıkıcı etkisinden korkma. Eski düzenin sona ermesi seni endişelendirmesin. Evet, değişimler sancılı olur ama Plüton'un Kova burcundaki yıkıcılığı daha değerli, daha güvenli, daha sağlıklı, daha gerçek ve daha mutlu bir yaşam düzeni inşa etmek için... Bunu hep hatırla...

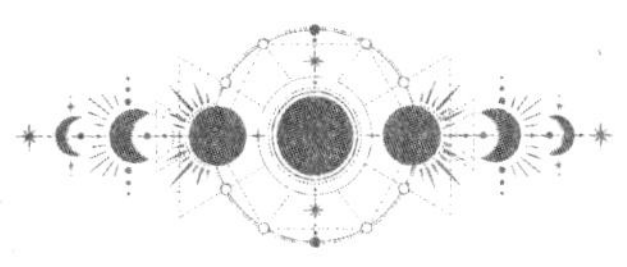

Uyursan Ölürsün

Bu çok klişe bir söz gibi gelebilir kulağa ama öyle... Artık uyanmak gerekiyor. Uyursan ölürsün...

Anadolu insanının bebeklerini uyutma ritüeli çok duygludur. Kederli ninnilerle, evlatlarının başına bir şey gelmesin duasıyla ama yürekleri hep ağızlarında "Uyu yavrum ninni" dedi Anadolu anneleri yüzlerce yıldır. Şefkatle ve korkuyla salladılar bebeklerini kucaklarında. Çünkü Anadolu derin acıların, ayrılıkların ve ağıtların da toprağıdır aynı zamanda.

Farkında mısın?

Bu kez Anadolu sallıyor insanları kendi kucağında... Yine kederli, yine acıyla dolu Anadolu... Fakat uyumaya devam edelim diye değil bu kez çabası, artık uyanalım diye...

Artık uykudan uyanma zamanı!

Acıdan, kederden, kadercilikten, acıya gönüllülükten, ıstırabı kabul etmekten uyanmanın zamanı... Acıyı kader diye bellemekten uyanmak gerektiğinin çağrısı, fazlasıyla canımızı yakarak ulaştı yeryüzüne...

Uyanış çağrısı, göklerden gelmektedir yine. Yıkımın ve dönüşümün gezegeni Plüton, Mart 2023 itibariyle Kova burcuna geçti ve 2044 yılına kadar da burada kalacak. Artık hiçbir şey eskisi gibi olmayacak demektir bu. Yıkım ve yeniden yaratım süreci, bütün dünya için başladı bile. Plüton'un Kova'ya geçişiyle birlikte, dünya tarihi üzerinde yaşanan çok önemli yıkım ve dönüşüm olaylarını hatırlama zorunluluğumuz doğdu.

Plüton daha önce de Kova'da bulundu elbette... Peki tarih sahnesinde neler yaptı, nelere sebep oldu biliyor musun?

Birkaç tanesini hatırlatayım hemen:

Hz. Muhammed doğduğunda Plüton yine Kova burcundaydı. Bir topluluğun inanç sistemini ve sosyal düzenini baştan aşağı değiştiren kutlu bir peygamber dünyaya geldi.

Daha önce Plüton Kova burcundayken Göktürk Devleti kuruldu ve Türkler ciddi atılımlar yaptılar.

749'da Çin'de ayaklanmalar yaşandı.

1040 yılında da Plüton Kova burcundayken Dandanakan Meydan Savaşı yaşandı ve Gazneliler çözüldüğünde Selçuklu Devleti kuruldu.

1299'da Osmanlı Beyliği kuruldu.

1789 yılında da Plüton Kova burcundayken Fransız İhtilali gerçekleşti ve monarşi rejimleri çöktü.

Şu an hayatta olan bizler ve önümüzdeki 20 yıl içinde doğacak olanlar tam bir dönüşüm ve yenilenme döneminin ortasına doğmuş oluyoruz. Artık paramız da işe yaramayacak çünkü paranın gücünün yetmeyeceği virüsler var, paranın buğdaya çevrilip ekmek olamayacağı zamanlar geldi. Kimsenin gücünün ve otoritesinin büyük aklın karşısında duramayacağı zamanlar geldi. Bilmeliyiz ki önümüzdeki süreç çok büyük yeniliklere gebe ve sancılı bir süreçten geçiyoruz.

Değiştiremeyeceğimiz şeyleri kabullenme cesareti göstererek iyileşmeye ve öğrenmeye kendimizden başlamalıyız. Bu iyileşmeyi ve öğrenmeyi etrafımıza da yaymalıyız. Çok büyük değişimlerin, büyük kapanışların ve çok büyük açılışların zamanındayız. O zaman iyileşmeli ve elimizdeki fidanı dikmeli, iyilikte yarışmalıyız. İlkel insanlar istediğini yapar, hayvanları öldürür, ağaçları keser ve bu umurunda bile olmaz ama olgun insanlar cana sırf can olduğu için bile saygı duyar. Bize ağır gelen nedir acaba, oturup düşünelim. Başka canları kucaklamamıza, onların ağıtlarını ve acılarını duymamıza engel olan nedir?

Bilinçli ve olgun insanlar olmamızın önündeki tek engel içimizdeki bu ilkel yanımızdır. Önümüzdeki süreçte başımıza bela olacak olan bu yönümüzü ehlileştirmek zorundayız. Pek çok konuda ayrım yapıyoruz, ayrımcılık yapıyoruz, sayısız kriterlerimiz var. Ne yazık ki bizim için birini, birilerini, kabullenmek ve saygı duymak çok zor. Bakalım yeni çağ, yeni dünya düzeni bizi kabullenecek mi, bizi yaşatacak mı? Biz başka canlıların yaşam hakkını ellerinden alırsak bizim yaşam hakkımız güvencede olur mu? Başka canlılara saygı duyamıyor, onlarla ilgili sorumluluk alamıyorsak, saygı bekleyebilir miyiz, bize karşı da sorumluluk duyulmasını talep edebilir miyiz? İşte bütün bunları sorgulama zamanındayız artık. Geç olmadan uyanma vakti.

Kova burcu astrolojide 11'inci evle ilişkilendirilir. 11'inci ev ise dileklerle, umutlarla, hayallerle, dostluklarla ilgili evdir. İyi niyetlerle ve iyiliklerle ilişkilidir. Kova aynı zamanda kolektif için yapılanları, insan haklarını, hayvan haklarını, özgürlükleri ve genel olarak hakları da kapsamaktadır. Kova burcunun klasik yöneticisi Satürn, modern yöneticisi ise Uranüs'tür. Uranüs, tuhaf, acayip ve farklı şeylerden söz eder bize. Kova'nın klasik yöneticisi olan Satürn'e baktığımızda, akıl, ilim, bilim, fen, matematik, uzay ve astronomi alanları çıkar karşımıza. Uranüs de keza teknoloji, ilim, bilim, fen, ilerleme, uzay ve uzaylılardan bahseder.

Plüton, Kova'da düşer. Zorbalık yapamaz ama devrim yapar ve değiştirir. Plüton Kova'ya geçerek monarşik sistemleri yıkmak üzere çalışmaya başladı. Krallık, diktatörlük, tiranlar çağı sonra eriyor. Bilginin, bilimin, bilincin ve farkındalığın değeri yükseliyor.

Böylesi sert ve köklü yıkımların ve dönüşümlerin yaşanacağı bir süreci seçerek gelmiş nesiller olmamız sebepsiz değil. Bu dönemi seçerek gelmiş olmamızın elbette bir nedeni var. Sürecin hiçbir sorumluluğu bizden bağımsız, bizim dışımızda değildir. Sorumluluklarımızı reddederek bu dönemin içine doğmuş olamayız. Ya bu dönüşümün içinde bilinçli olarak ne yaptığımızı bilerek yer alıp elimizi taşın altına koyacağız ya da sistem bizi eleyecek. Bunun başka yolu yok.

Bu yeni çağın en büyük dersi ve tek çaresi tam da bu yüzden uyanıştır...

Uyanış!

Bilgiye uyanış

İnsanlığa uyanış

Hümanizme uyanış

Hep bana, sadece bana değil bize uyanış, şekle değil öze uyanış

Sen can taşıyorsun can taşıyanı öldüremezsin. Postunu giyemezsin, ağacı kesemezsin, ormanları yakamazsın. Hepsinin en az senin kadar yaşam hakkı var yeryüzünde. Merhamet etmediğin hiçbir konuda merhamet bekleyemezsin.

Plüton Kova Çağı'nın kurtuluş için insanlığa sunduğu anahtarın adı uyanıştır. Kabul etsen de etmesen de karar budur.

Türkiye bir Akrep burcu ve Plüton ülkesi. Yani krizlerin, yıkımın ve dönüşümün merkezi... Kendimize karşı da ikiyüzlülük etmeden bireyden topluma iyileşmek zorundayız.

Kasım 2021'den beri Boğa-Akrep tutulmalarının başlamasıyla zor günlerden söz etmeye başlamıştık zaten. Şimdi bilmelisin ki acımasız olanlara acımayacaktır gökler ve yaşatmak yerine yok etmeyi seçenleri yok edecektir.

Ne ekersen onu biçme vakti... Uyan...

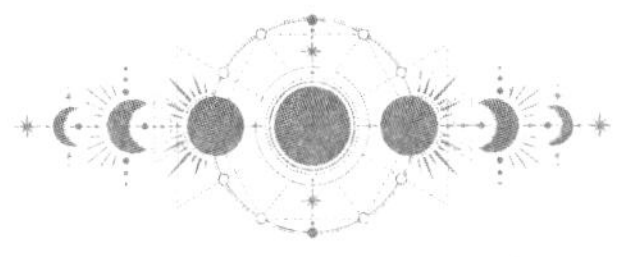

2023-2044 Yılları

Acıtan Uyanış

İnsanlığın uyanışı açısından hem çok sancılı bir süreç yaşanacak hem de çok büyük dönüşümler deneyimliyor olacağız. Bu çağ artık bilinç çağıdır. Bireysellikten toplumsallığa uyanışın çağıdır. Doğaya ve canlılara karşı duyarlı olma çağıdır. Taşın altına ellerimizi koymak zorunda kalacağımız bir sürece girdik artık.

Doğa ana, üzerindeki yüklerden arınıyor. İnsanlığa ve tüm canlılığa hayat veren besinlerin ve temiz kaynak sularının anası olan doğa, çoğaltan, hayat veren, bereketli potansiyeline engel olan bütün etmenleri elemeye başlıyor. Doğa ana, canlılığın ve yaşamsal döngünün sağlıkla devam edebilmesi için artık kangren olan organlarını kendisi kesip atmaya karar verdi. İnsanoğlu, bu sürecin bilincinde olmak zorunda kalacağı bir yeni bir çağın kapısından ilk adımlarını attı. Doğa ananın bu kararı, kurunun yanında yaşı da yakıyor.

Uyanışlar, yeniden doğumlardır ve her doğum takdir edersiniz ki sancılı olur. Dönüşümler ve uyanışlar eski olanı tamamen yıkıp yerine yeni bir bilinç ve yaşam düzeni inşa edeceği için sancıları da yaşatacaktır bize.

Dönüşümün sancısından korkmak, endişelenmek, panikle hareket etmek tabii ki süreci daha zorlu bir hale getirir. Bu yüzden sükûnet ve bilinç bizim anahtar kelimelerimiz olmalıdır. Kitap boyunca vereceğim her uygulamada, aktaracağım her bilgi, artık deneyimlemeye başladığımız bu yeni çağda bireysel ve toplumsal olarak nasıl bir dönüşüm süreci geçireceğimizden, bunlar olurken bizlerin adım adım neler yapmamız gerektiğinden söz ediyor olacağım.

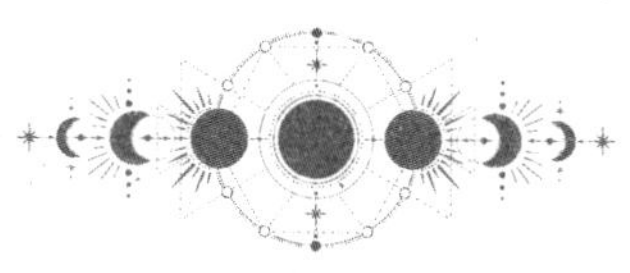

Devrimci Uranüs'ün Keşfi

Özgürlükler Çağı

13 Mart 1781 tarihinde Uranüs'ün keşfedilmesiyle birlikte geleneksel sistemlerin yıkımı başladı. Baskıdan, kölelikten, kulluktan, haksızlıktan, esaretten ve kalıplardan özgürleştirmeye başladı insanlığı... Özgürlükler çağı başladı. Özgürleşebilenlerin faydalandığı bir döneme girildi.

Uranüs 1781'de keşfedildikten çok kısa bir zaman sonra 1789'da Fransız İhtilali gerçekleşti. Artık baskıyla, yaptırımla, kölelikle, feodal düzenle, başkalarının aklıyla yaşam sürdürme gerekliliğinin olmadığı düşüncesi doğdu, baskı, sömürü ve tutsaklık düzenleri yıkılmaya başladı.

Eski astrologlar bu dönüşümden çok korktular. Uranüs, Neptün ve Plüton'un uğursuzluk içerdiğine inandılar. Çünkü bütün bu olanlar dünyanın, düzenin, sosyal yaşamın, insan aklının ve insan potansiyelinin değişmesi hatta evrimleşmesi anlamına geliyordu. İnsanlık yüz yılda alacağı ilerlemeyi çok daha kısa sürelerde sağlayabilecekti. Bu değişim, eski astrologlar açısından akla zarar, korkunç bir sürecin başlangıcıydı. Çünkü alıştığımız ataerkil düzen bozulacaktı. Çok değil 80'li yıllara gittiğinizde Uranüs ve Plüton'un ilişkileri yöneten Terazi burcundan geçişinin marjinal ilişkileri de nasıl canlandırdığını, boşanmaları nasıl da artırdığını hatta o yıl doğan hiç kimsenin neredeyse ilişkilerle ilgili bir türlü iflah olmadığını görürüz. Öte yandan Plüton'un Akrep burcuna geçtiği 80'lerin sonu 90'lı yılların başı sürecinde AIDS hastalığının ortaya çıkışını ve ölümlere yol açtığını izledi dünya.

İnsanlığın gelişimine katkısı olan jenerasyonları büyüten bu gezegenler aynı zamanda insanlığın yozlaşmasına da yol açıyordu, bunun farkında olan eski astrologlar bu gezegenleri "zararlı" diye tanımladılar, yani alıştığımız cinsel yaşamlar, alıştığımız aile hayatı, alıştığımız ilişki yaşama biçimleri artık olmayacaktı ve bu kitlesel bozulmalara hatta kitlesel ölümlere yol açacaktı.

Şimdilerde Uranüs Boğa burcundayken insanlığı maddeden, eşya ve nesne düşkünlüğünden, dünyevi bağımlılıklardan özgürleştirmek için parasız bırakmaya devam ediyor. Paranın bir araç olduğunu hatırlamamız isteniyor bizden.

Eskiden buğday için çalışanlar şimdi duvarlar, betonlar ve kâğıt paralar için hatta dijital paralar için akıl almaz şeyler yapıyorlar. Duvarların yenmeyeceğini, kâğıt paraların sıkılıp suyunun içilmeyeceğini anlayana kadar kitlesel olarak devam edecektir acı...

2018'de Uranüs, Boğa burcuna yerleşti ve uzunca bir süre toprağı sallamaya, paraya karşı geliştirilmiş olan tutumu ve kapitalist sistemi bozmaya devam edecek.

Önümüzdeki yıllarda dudak uçuklatan teknolojik gelişmeler yaşanacak. Ne uçan arabalar ne de uzay yolculukları bir hayal artık. Önümüzdeki 20 yıl boyunca dijital bir uyanış ve hızlı bir gelişim de söz konusu olacak. Bu dijitalleşme içinde tarım ve toprağa, suyun ve kaynakların korunmasına gereken önem verilmezse hiçbir gelişmenin önemi olmayacak. Teknolojiye ve bilgiye hâkim olanalar gücü ekmek ve su olarak ellerinde tutarken kalan mal mülk sahibi kesim, evlerini yiyemeyeceğini anlayana kadar iş işten geçmiş olacak.

Suya ve ekmeğe muhtaç ama evi, emlak yatırımları olan fakirlerle dolacak bu gezegen. Dünyanın hikâyesi suyla başlamıştı ve tarımla taçlanmıştı, insanoğlu tekrar neyin gerçekten daha önemli olduğunu acılarla öğrenme yolunu seçiyor.

Bilgi!

Tarımın bilgisi, suyu çıkarmanın ve ona sahip olmanın bilgisi... Bizi artık bilginin kurtaracağı bir süreçteyiz. Sadece bilgi...

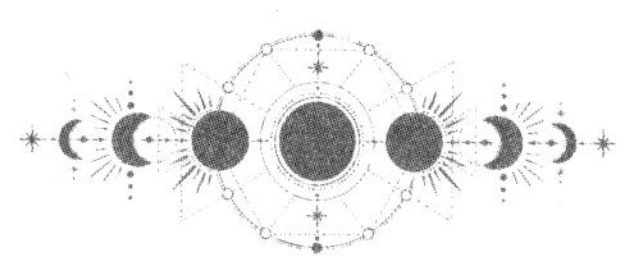

Plüton'un Keşfi

Yıkım ve Dönüşüm

Plüton yıkımdan ve dönüşümden sorumlu bir gezegendir. 1930'da keşfedilmiştir. İnsan aklının gücü artık toplu kıyımlara yol açabiliyordu ve belli ki kötüye kullanma konusunda hiç de çekimser kalmayacaktı. Atom bombası ve kitlesel imha silahları Plüton'un keşfinden sonra hızla gelişti.

Yüksek teknolojik gelişmeler her ne kadar büyük konforlar sağlayacak ve ilerlemenin hızını artıracak olsa da günün sonunda insanlığın ayağına dolanacak ve belki de sonunu hazırlayacak seviyeye ulaşacaktı.

Modern astrologlar bu gezegenlere her ne kadar güzel atıflarda bulunsalar da, dönüşüm ve değişimin iyi şeyler olduğunu vurgulasalar da canın değerini bilmeyen ve gelişmişlik kisvesi altında ilkelliğini devam ettiren insanoğlu hâlâ bu gezegenlerin manasını, gücünü ve etkisini anlayabilecek seviyeye gelmedi. Cana can olduğu için saygı duymadığımız sürece Plüton yıkmaya, Uranüs aniden sarsmaya ve Neptün yanıltarak uyuşturmaya devam edecek.

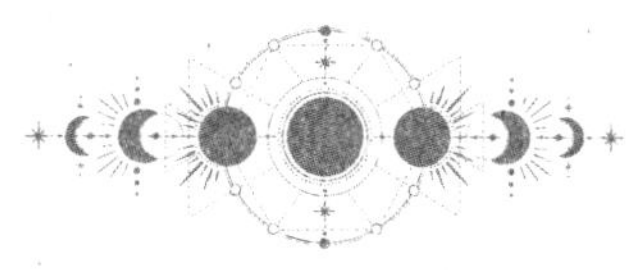

Neptün'ün Keşfi
Uyuşma ve Uyutulma Çağı

23 Eylül 1846 tarihinde Neptün'ün keşfedilmesiyle birlikte dünya uyuşturucularla ve zihinsel olarak uyanıkken de uyutulma deneyimiyle karşı karşıya kaldı.

16 Ekim 1846'da Boston'da diş hekimi olan William Morton, ilk eter anestezisini uyguladı ve bu tarih " Ether Day" yani "Anestezi Günü" olarak tarihe geçmişti.

Ameliyatlarda, ağrılı ve sancılı hastalıklarda acıyı azaltmak ve iyileştirmek amacıyla kullanılan uyuşturucular insanlar arasında da yaygınlaşmaya başladı. Keyif veren maddeler olarak kullanımları geniş kitlelere yayıldı. Sayısız insan ve sayısız genç, uyuşturucu yüzünden geleceklerinden ve yaşamlarından oldular.

Neptün, uyutulmaktan, uyuşmaktan, dağılmaktan ve çözülmekten sorumlu bir gezegendir. Eritme prensibi vardır. Ruhsal evrimini tamamlayamamış her insan için ciddi bir tehdit, hatta kâbustur. Aldatmanın günahını tadan, aldatılmanın acısını çekenlerin, ihanetle sınananların terbiyecisi tabii ki yine Neptün'dür. Oysa bütün bu zevkler gelip geçicidir, kısa sürelidir, uzun vadede eritici, yok edicidir. İnsanoğlu bu bilince ve aydınlanmaya ulaşabildiğinde Neptün, ilahi sevginin ve yüksek sanatın gezegeni olarak hayatımıza hizmet edecektir. Ne yazık ki insan bütün derslerini hep zor yoldan öğrenmeye talip...

Demem o ki, dünya insanı hâlâ ilkel bir dürtüsellikten ve Plüton'un verdiği yıkımdan arınamıyor. İnsan bütün canlıların eşit haklara sahip olduğunu, kendisinin doğanın sahibi olmadığını, bilakis onun bir parçası olduğunu, doğanın insanlığı eleme gücünün olduğunu hatırlamıyor. Her şeyin sahibi sanıyor kendini... Bu hakikatin farkına varamayan ve sorumluluk almayan, büyük devrimlerle dönüşü başlatmaktan geri duran insanoğlunun dönüşümü maalesef acıyarak ve şiddetli şekilde devam edecek.

İnançlı insanlar, inançsız insanlar ve komplo teorisyenleri arasında son zamanlarda ayyuka çıkmış bir çatışma var. Gerçek konusunda da, yalan konusunda da hiç kimse net olamıyor. Bazıları korku yayarken bazıları uyandırmak için çırpınıyor. Sonuç olarak dünyanın geldiği durum vahim bir hal aldı. Dört element yani su, hava, ateş ve toprak artık eskisi gibi değil... Toprak hırçın, hava kirli, su ya eksik ya çok fazla ve yangınlarla aşırı sıcaklarla ateş bizi ısıtmak yerine yakıp küle çevirir oldu. İnsanoğlu hırçınlaştırdığı doğanın intikam vaktinin geldiğini daha da geç olmadan fark etmek zorunda.

Hepimizin şunu hatırlaması lazım: Her canlının yaşamı, yaşam hakkı kutsaldır. Kimsenin, kendi bencilliği yüzünden kimsenin canına kastetmeye hakkı yoktur. İnsanoğlu hak ettiğinden fazlasını yediği, hak ettiğinden fazlasını giydiği, hatta çaldığı sürece dönüşüm ve gelişim zor yoldan devam edecektir.

Bu Plüton-Kova sürecinde, yani büyük yıkımın entelektüel bir burca geçtiği bu süreçte, Plüton anlatmak için çok fazla uğraşmayacaktır ve aslında her canlının eşit haklara sahip olduğunu, kral ve krallık diye bir şey olmadığını, monarşi düzenlerinin tamamen yıkılması gerektiğini, kitlelerin öldüğü ya da hastalandığı takdirde ya da acı çektiği takdirde eşitlendiğini bize en acı ve zor yollardan öğretiyor olacaktır.

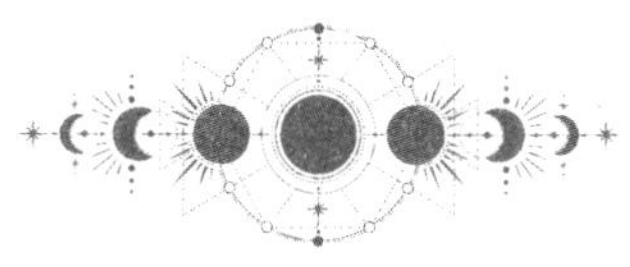

Plüton'un Anadolu Topraklarına Öğüdü

Türkiye bir Akrep burcu ülkesidir, Plüton yükselirken kurulmuştur. Yıkımlar ve dönüşümlerin anavatanı, cennet bir vatandır. Kasım 2021'de Boğa-Akrep tutulmaları başladığından beri zor günlerden söz etmeye başladık ama henüz bitmedi. Umut hep vardır, akıllanma ve maneviyat, bu yolda şarttır.

Plüton dönüşüm demektir. Dönüşümler de sancılıdır olur. Yani bütün doğumlar sancıyla ve zorlu deneyimlerle gerçekleştir. **Plüton dönüşmek için yıkmak ve yeniden yapılandırmaktır. Dolayısıyla ölümden ziyade dönüşmeyi temsil eder. Bağlı olduğun bütün kalıplardan seni koparabilecek kadar büyük bir güçtür Plüton.**

Türkiye açısından konuya bakarken de Plüton'un ölümlerle sınanmaktan ziyade, yeni doğumların acılarını ve sancılarını çektirdiğini düşünmek gerekir.

Türkiye'nin tarihsel açıdan en önemli bölgesinde, doğuda çok büyük bir olay yaşandı. Toprak ana sarsılarak ve sarsarak ayaklandı.

Babil'in Yıkılan Kulesiyle Anadolu'daki Depremlerin İlişkisi ve Astrolojik Kodları

Mezopotamya sınırları tarihsel bağlamda çok önemlidir. Mezopotamya, ülkemizin sınırları içindedir. Burası insanlığın, medeniyetlerin, bilimin ve ilmin merkezidir. Aynı zamanda medeniyetlerin doğuşu, insan aklının yücelişidir de. Göbeklitepe bile Mezopotamya'dadır.

Babil'in defalarca yıkılan kulesi de keza Mezopotamya'dadır. Babil Kulesi ve bu kulenin yıkımı çok ama çok önemli bilgiler, mesajlar ve öğütler içerir. Çok önemli uyarılarda bulunur, hatırlatmalar yapar.

Bundan biraz söz etmek isterim:

Dillerin nasıl ortaya çıktığı konusu dilbilimcilerin bile anlatmakta ve açıklamakta hâlâ çok zorlandığı bir konudur. İnsanların farklı diller konuşmasıyla ilgili olarak bir Babil miti vardır önümüzde ve çok önemlidir.

Babil Kulesi'nin hikâyesi Tevrat'a kadar uzanır.

Babil halkı aşırı zenginleşmiştir. Öylesine zengin ve tasasız hale gelmişlerdir ki aşırı konforun verdiği rahatlıkla yoldan çıkarlar. Aktarılagelen bilgiye göre yaklaşık beş bin sene önce asma bahçeleriyle meşhur Babil'in hükümdarı yedi katlı bir kule yaptırır ve bu yükseklikten Allah'a ulaşabileceğini düşünür. Soylu insanların yaşadığı, keyfin ve sefahatin hüküm sürdüğü, dünyanın yedi harikasından biri olan asma bahçeleriyle ünlü bu bölgeye inşa edilen Babil Kulesi henüz tamamlanmamış haliyle bile göz kamaştırmaya başlamıştır.

Bir gece mucizevi bir olay olur ve birdenbire Babil halkının dili çeşitlenir. Herkes farklı dilden konuşmaya başlar ve insanlar birbirlerini anlayamaz olurlar. Çıldırmış gibi dağılıp birbirlerinden uzaklaşırlar. Kulenin inşaatı yarım kalır, sonra da harabe olur. Yıkımın ardından dünya üzerinde binlerce dil ve birbirini anlamayan insan toplulukları oluşmaya başlar. Başka bir rivayete göreyse gece sert bir şimşek çakmıştır, kuledekiler düşüp ölmüştür, kalanların da dilleri bozulup bölünmüştür. Toplum içinde ayrışma, kopma, birbirinden uzaklaşma ve çatışma başlamıştır.

Çakan şimşek Uranüs'tür, yıkımı getirense Plüton, değişen diller ve anlaşmazlıklarsa Neptün dokunuşudur.

İnsanoğlu, yaşadığı sonsuz konfora rağmen zalimleşmeye başladığında yaşamla ilgili kontrolün aslında kendisinde olmadığını en acı biçimde öğrenmiştir her zaman.

Babil'in yıkılan kulesinin ezoterik kaynaklardaki karşılığı 16 rakamıdır. 2022 yılının Kasım ayında 16 derece Boğa'da Ay tutulması yaşanmış, sonra 16 derece Aslan'da ve 16 derece Kova'da 6 Şubat 2023 gecesi hizalanan Ay, Uranüs ve Güneş, Babil Kulesi'nin yıkım enerjisiyle toprağı yarmıştır.

13/15/16 rakamları daima sarsıcı bir durumu ve dönüşümü ifade eder. Yine aynı şey oldu. İnsanların ayrışmaya, birbirlerinden kopmaya, kendi bencilliklerine, kendi güvenli alanlarına çekilmeye başladığı, kimsenin kimseye karşı sorumluluk hissetmediği Mezopotamya'da halkı tekrar kuvvetle birleştirecek bir dönüşüm yaşandı. Şimdi diller dudaklar ne kadar farklı konuşursa konuşsun herkesi kurtaracak tek bir ortak dil var, o da sevginin dili.

Hayat öyle bir yarıştır ki kazanan kaybedene borçlanır. Dünya üzerinde gelip geçmiş her insan, bir zamanlar bir hikâyenin kahramanı oldu. Arkasından başka insanlar dünyaya geldiler, onlar da başka hikâyelerin kahramanları oldular. Tıpkı diğerleri gibi onlar da "Bir zamanlar..." diye başlayan anlatıların içinde yer aldılar. Şimdilerde sen de ben de bir hikâye yaşıyoruz ve bir gün bizler de başka insanların "Bir zamanlar..."

diye anlattıkları hikâyelerin içinde yer alıyor olacağız. Döngü hiç değişmeyecek... Onlar geldiler ve gittiler, bizler de geldik, gideceğiz.

İnsan neden yaratıldı biliyor musun?

Sıfırın öyküsü diye de anlatılır bu yaratılış miti...

Şimdi sana sıfırın öyküsünü, yani bedenlenme arzusu duyan insanın nasıl yaratıldığını anlatacağım.

Bir âlem vardı ki insanlar burada mutlu, bilge, gelişkin ve sonsuz yeteneklere sahip olarak ruh formunda yaşayıp gidiyordu. Ancak içlerinden biri ağlayıp yakınmaya başladı uçurumun kenarında.

"Ben bazı hikâyeler duydum gök katlarında dolaşırken" diyordu. "Bilmek istediğim şeyler var ama nasıl öğrenebilirim bunu?"

Duymuştu evet... Gök katlarında dolanırken sevmek diye bir şey olduğunu işitmişti ve bilmek istiyordu bunu. "Sevmeyi bilmek istiyorum" diyordu bu ruh... "Sevmenin nasıl bir şey olduğunu bilmek istiyorum."

Sonra bir karşılık geldi bu talebine.

"Bilmediğin bir şeyi nasıl bu kadar çok isteyebilirsin ki? Bilmediğin bir şey için böyle hıçkıra hıçkıra nasıl ağlayabiliyorsun?"

"Ben görünmez, hafif bir ruhum ama içimde sevgiye karşı tarifsiz bir çekim duyumsuyorum" diye karşılık verdi ruh. "Buna karşı koyamıyorum. Tarif edemesem de bilmek istiyorum."

"İçinde olmayan hiçbir şeyi isteyemezsin, içinde olmayan hiçbir şeyi bilemezsin" dedi ses. "Sen sevgiden yaratıldın zaten. Özünün sevgi olduğunu fark ettin ve onu deneyimlemek istiyorsun. Madem özünün ne olduğunu fark ettin, o halde bu hak sana verilecektir ama önce yaratıldığın özden başla sevmeye, yani benimle."

Rahman ve Rahim olanın sesi, ağlayan ruhun tüm şeffaf zerrelerinde çınladı.

"Başlangıçta ne sen, ne o, ne şu vardı" diye devam etti ses. "Her şeyi sevgi başlattı, şimdi dön bir bak özüne, yaratıldığın özü sevebiliyor musun? Neyi inkâr ettiğine bir bak, görmezden geldiğin kimdir, kendindekini anlamazken anlayabilir misin bir başkasını? Kendini sevmediğin vakit, sevebilir misin bir başkasını?

Böyle güçlü arzu ettiğin şeyin sen de bir numunesi olduğunu bir fark etsen ve çatlatsan o su kuyusunu, fışkırsa sevgi özünden... Ve hatırla sanki bir zamanlar sen de yoktun ama şimdi varsın, hissediyorsun, sevmek istiyorsun, o zaman başlasın bu 'Bir zamanlar...' diye anlatılacak olan insanın uzun hikâyesi.

Ve sen! Bilmek için uğruna hıçkıra hıçkıra ağladığın ve yine uğruna bedenlenmeyi bile kabul ettiğin sevgiye kavuş bakalım."

"Ama ben korkuyorum" dedi ruh. "Ben kalbi biliyorum. Senin kalbini biliyorum ve bu bana neden yetmiyor diye korkuyorum. Sen beni severken ve ben seninle böyle hemhal olurken neden yetmiyor bana senin kalbin?"

"Ben seni sevgiye doyma diye, sevgisiz hiçbir şeyle yetinme, içinde sevgi olmayan her şeyi reddet, sevgiyi çoğalttıkça çoğalt diye var ettim. Sen şimdi gideceksin dünyaya. Saraylarda da sürse saltanatın, yedi gezegende sürse hükmün, benim sana verdiğim sevgiyi arayacaksın hep. Sevgi senin rehberin olacak ve neye kavuşursan kavuş sevilmediğini hissettiğinde katiyen mutlu olmayacaksın. Seni sevgiden vazgeçirmek için karşına kimler kimler çıkacak... Bazen baban olacak o, bazen eşin, bazen evladın... Hep engeller çıkacak önüne... Sen sevgiye ulaşmak için hep onun peşinde koşacaksın."

Hadi şimdi bilmeyi çok istediğin o şey için, in bakalım...

Birin (1'in) Hükmü

"Yani şimdi ben her şeyi yapabilir miyim?" diye sordu Bir... "Ellerim var artık, dokunabiliyorum. Gözlerim var artık, görüyorum. Koku alabiliyorum. Ben artık var oldum. Tenime değen yağmuru, yüzüme vuran güneşin sıcaklığını hissedebiliyorum. Şimdi ben var olduğum sevgiden doğdum... Ruhken uğruna hıçkıra hıçkıra ağladığım sevgiyi bulabilirim artık.

Aklım, fikrim, düşüncelerim su gibi akıyor. İhtiyacım olan her şeyi yapabilir, istediğim her şeyi gerçekleştirebilirim ama bunu bir başıma nasıl yapacağım, çok yalnızım! Bana bir dost, bir yâren olsaydı keşke."

Bunun üzerine bir baykuş gelip kondu Bir'in omzuna. Kocaman gözleri, eşsiz tüyleriyle hayranlık uyandırmıştı Bir'de...

"Ben bilgelikle kuşandım" dedi baykuş. "Şu kocaman gözlerim nazarla doludur. Olacakları ve ölecekleri haber veririm, bu gözlerim sayesinde geceyi gündüz gibi görürüm. İstersem yarın olurum, karanlığı aydınlatırım. Sana bilmediklerini anlatırım ama benim bir şartım vardır. Benimle yol arkadaşlığı edeceksen şartlar ne olursa olsun benden vazgeçmeyeceksin, bana ihanet etmeyeceksin. Sana gösterdiğim saygı ve sevgiyi hak edeceksin. Daha iyisine kavuştuğun vakit beni unutmayacaksın. Ben senin aklınım, ben senin görülerinim. Ben senin sezginim... Sakın bana ihanet etme, ben ihanet edenleri hiç sevmem, ben batıp gidenleri hiç sevmem. Güneşin dağların ardına saklandığı gibi saklanmazsın benden, ben dağların ardını da görürüm."

Bir kabul etti baykuşun şartını. Böylece anlaştılar ve sayıp sevdiler birbirlerini. O gün ilk bilgiyi verdi baykuş Bir'e, kendini bilen her şeyi bilir.

İkinin (2'nin) Hükmü

Bir bedenlenmiş haline alışmaya çalışıp yeni hayatının içinde salınırken yalnızlığın ağırlığı gelip gelip çöktü içine... Her şeyi bir başına yapmak, bir başına yaşamak, bir başına bir yol yürümek anlamsızlaşmaya başladı gel zaman git zaman. Eliyle ekiyor, biçiyor, büyütüyor, ölçüyordu. Her şeyi bir başına yapıyordu. Zaman zaman güçleniyordu erkekliği. Anlamıyordu bunun neden olduğunu. Bir şeye etki etmek istediğini biliyordu ama bunu tarif edemiyordu kendine. Çünkü o hem etki eden, hem başlatan olarak gönderilmişti bu âleme ancak neye etki edecekti? Ne anlamı vardı bu kadar güçlü kuvvetli olmasının, ne anlamı vardı erkekliğinin, ne anlamı vardı bir başına üretmenin, ekip biçmenin?

İçinde uyanan erkeklik gücünün Allah tarafından ona verilen bir yetki olduğunun farkında değildi henüz. İçinde ekilmek üzere tohumlar taşıdığını, bu tohumlarla canlılığı nasıl sürdüreceğini bilmiyor, lakin hissediyordu.

Yanında bir baykuş vardı sadece... Onu pek seviyordu elbette, baykuş da ona karşı sevgi doluydu. Baykuş yanındayken kendini güvende hissediyordu Bir. Yaklaşmakta olan tehlikeleri seziyor, karanlıkta bile gündüzmüş gibi yürüyebiliyor, üretkenlikte aklını kullanıyor, aklıyla ve gücüyle kendisine lazım gelen yapıları inşa ediyor, evini, köprüsünü, damını çatıyordu ama hep bir yanını eksik hissediyordu.

Bir şeyleri başlatmasının lazım geldiğinin farkındaydı ama ne başlatırsa başlatsın asıl yapması gereken şeyi henüz yapmadığını düşünüyordu. Sıfır'dan başladığı günlerdeki gibi hıçkıra hıçkıra ağlamaya başladı yine, "Neden bu kadar yalnız hissediyorum?" diye isyan etti. "Bir eksik var ama onun ne olduğunu bulamıyorum, inşa edemiyorum bir türlü..."

Çok geçmeden bir ses duydu yine. "Neden böyle yalnız hissediyorsun?" diye sordu ses.

"Bilmiyorum" dedi Bir. "Kendimi çok yalnız hissediyorum, lütfen bana cevap ver, neden böyle oluyor?"

"Çünkü ben seni etki etmen için, başlatman için, nüfuz etmen için gönderdim. Sen artık etki etmeye hazırsın. Sana dünyada kendini gerçekten kendin gibi hissedeceğin, şimdiye dek bu âlemde yaşadığın tüm hazların, tüm hislerin, aldığın tüm kokuların, gördüğün bütün güzel manzaraların çok üstünde olanı, en güzel olanı vereceğim. Fakat bana bir söz vereceksin, onu koruyup kollayacaksın ve çok seveceksin. Onun bir huyu vardır ki su gibidir. Sense ateşsin. Onu kapsız, sınırsız, korumasız bırakmayacaksın. Onu ateşinle söndürmeyeceksin. Onu yalnız ve zorda bırakmayacaksın."

Heyecanlanmıştı Bir. Söz verdi hemen.

"Sen beni iki yap ne olur" dedi. "Ben onu koruyup kollayacağım, sarıp sarmalayacağım ve onu asla yalnız bırakmayacağım, korumasız hissettirmeyeceğim, lütfen bana İki'yi ver."

Böylece İki var oldu. Bir'in gözleri kamaştı onu görünce. "Ben neymişim, kimmişim ki?" dedi. "Bu ne güzelliktir, bu nasıl bir nur, ne güçlü ışık? Tertemiz, berrak ve saf... Sen olmadan ben ne yapıyormuşum ki nasıl yaşıyormuşum burada?"

"O hep senin içindeydi" dedi ses. "Senden hiç ayrı olmadı. Sen onu içinde öyle hissettin ki sonunda büyüyüp karşında dile geldi. O hep vardı, misal âlemlerinde salınıyordu. İçindeki sevgiyi öyle güzel büyüttün ki ona kavuşmak nasip oldu sonunda sana. Bir de İki de aynı özün içinden katman katman çıkmıştır."

Çok güzeldi İki... Simsiyah saçları beline kadar uzanıyordu. Elmas taneleri gibi iri gözleri vardı. Nar gibi de kırmızı dudakları... Çok zarif ve narindi... Sesi ipeksi, yumuşacıktı... O şarkı söylemeye başladığında kendinden geçiyordu Bir. Öz'ün en güzel parçası kopup gelmişti yanına sanki...

"Sen nesin ey İki?" diyordu Bir. "Sen neredensin, nedensin?"

İki cevap verdi. "Ben senin içindeydim, sen beni içinde büyütüp çoğalttın. Beni çağırdın, ağladın, davet ettin. Ben kadınım, sen de erkek... Ben sana bir lütufum. Beni almayı bil, sevgi tohumlarını bir bir ek, ben aldığımı yeşertirim, ben bereketinim. Aldığım sevgi tohumlarını arttırırım. Ay her 28 gün döndüğünde her zamankinden daha hassas olduğumu, ağırlaştığımı, gözyaşlarımın daha fazla aktığını fark edip beni sararsan, ben daha çok yeşeririm.

Ben sana uğruna hıçkıra hıçkıra ağladığın sevgiyi sunacağım. Senin ve benim sevgimden bir başka sevgi daha doğacak. Hatta öyle ki kalbimizin ev sahibi olacak. Ben evim, sense çatı... Evimizin sevgi ateşini tez çağırayım gelsin, kalbimiz cennet yatağı gibi olsun, yeşersin bahçelerimiz..."

Üçün (3'ün) Hükmü

"Burada ikimizden başka kimse yok. Ben seni sevmekten, sen beni sarmaktan usanmazsın ama gönlüm bir güzellik aramakta, gönlüm bir sevgi aramakta... Sanki gonca gonca açan memelerimden süt vermeliyim, beslemeliyim. Sanki kucağımda şefkatle sarmalıyım. Yüzümü masum bir yüze sürmeliyim. İçimde kaynayıp duran güzel duyguları gözyaşımla akıtmalıyım bir pamuk tene. Bende koruyucu Rahim, sende sakınan Rahman'ın ışığı varken nasıl büyüteceğiz bu sevgiyi, bu korumayı nasıl vereceğim memelerimden Allah'ın lütfu olan bembeyaz sütü?"

Hıçkıra hıçkıra ağlamaya başladı İki... Kadının içi yanıyordu ama neden yandığını bilmiyordu.

Sonra bir ses işitti. "Neden ağlıyorsun?" diye sordu ses.

"Bilmiyorum" dedi kadın. "İçimde kaynayan bir sevgi var, göğüslerimden süt vermek istiyorum, sevmek, korumak ve şefkatle dokunmak istiyorum ama yapamıyorum. Ben aldığım tohumu yeşertirim. Ay her 28 gün döndüğünde ben daha çok yeşeririm. Şimdi yeşerttiğim tohuma hasretim."

"Sen bereketli topraklar gibisin" dedi ses. "Aldığın tohumu yeşertirsin. Vakti geldiğinde çıkartacaksın içindeki sevgiyi... Onun da bir zamanı var."

Sonra karnı şişti kadının, sonra bir gün çığlıklar atarak sancılar içinde doğurdu Üç'ü.

Bir ağlıyordu mutluluktan, Üç ağlıyordu hıçkıra hıçkıra... Bu nasıl bir sevgidir böyle? Onu görür görmez anlamıştı kadın, içinde kaynayan sevginin tam olarak buna benzediğini söyledi.

Varlığını bile bilmediği bir şeyi nasıl bu kadar büyük bir sevgiyle çağırıp davet etmişti hayatına?

"O hep senin içindeydi" dedi ses. "Misal âlemlerinde senin onu çağırmanı bekledi. Sen ondan ayrı o da senden ayrı olmadı hiç... Kimse kendinde olmayanı isteyemez, çağıramaz."

Şimdi tamam olmuştu kadın. İçindeki sonsuz sevgi, şefkat, koruma hissi, emzirme arzusu yerini bulmuştu. Üç'ü besledikçe canı yansa bile mutlu oluyordu. O ağlayınca üzülüyor, gülünce neşe doluyordu. Ne büyük bir sevgiydi bu!

Baykuşun Hükmü

Bebek çok üşüyordu, kadın muhtaç kalmıştı erkeğinin yardımına. Erkekten onları koruyup kollamasını istedi, sıcacık tutacak kıyafetler bulmasını, yaklaşan kışa hazırlık yapmasını istedi, et istedi, yatak istedi.

Erkek ormana doğru yürümeye başladı. Ailesini koruma ve geçindirme kaygısına kapıldı. Sıfır'ı tamamen unutmuştu artık. Nereden başladığını, birden ikiye, ikiden üçe doğru hıçkıra hıçkıra ağlayarak ve sözler vererek yaşadığı gelişimi düşünmeye bile vakti yoktu. Tek derdi geçinmek, ailesini korumak ve karısını memnun etmekti.

Hükmetme ve sezgi kabiliyeti güçlüydü hâlâ. Gözleri kapalıyken bile görebiliyor, konuşulmayan sözleri işitebiliyor, olacağı sezebiliyor, yaklaşmakta olanı hissedebiliyordu. Bu kabiliyetler ona sevginin kaynağından sunulmuş armağanlardı. Ormandaki kuşlara seslendi bir hükümdar gibi... Hepsini çağırdı yanına. "Buraya gelip toplanın" dedi. Kuşlar hızla uçup geldiler. "Sizin tüylerinize ihtiyacım var, size zarar vermeden alayım mı?" diye sordu. "Karım ve çocuğum için sıcak bir yatak, yastık ve yorgan yapacağım tüylerinizden."

Bazı kuşlar bu sözü emir kabul edip hemen döküverdiler tüylerini. Bazı kuşlar ise itiraz ettiler bu işe, durup düşündüler ama yine de kabul ettiler. Kalanlar da dökeceklerdi tüylerini...

Tam hazırlanmışlardı ki baykuş kocaman kanatlarını açmış, göklerden süzülerek geliyordu. Kanatlarının gölgesi adamın yüzüne düşmüştü. Kuşların toplandığı meydana gelip kondu bir dalın üzerine.

"Utanmıyor musun ey insan?" dedi kızgınlıkla.

Şaşkın bir yüzle baykuşa baktı adam. Neden bu kadar kızgın olduğuna anlam verememişti. "Sen ne biçim konuşuyorsun benimle?" diye çıkıştı o da.

"Kendi karın ve çocuğun için bunca kuşu tüysüz bırakıp üşüteceksin" dedi baykuş. "Senin çocuğununki can, karınınki can da bizimki can değil mi? Bu kuşların canı yok mu? Onlar üşümüyorlar mı? Onlar kendi tüyleriyle yavrularını ısıtmıyorlar mı?"

Adam iyice öfkelenmişti. "Elbette benim karımın ve çocuğumun canı daha önemli" dedi. "İnsanla kuşun canı karşılaştırılabilir mi hiç? Elbette karım ve çocuğum üşümemeli, hasta olmamalı... Biz insanız, sizse küçücük kuşlar..."

"Sen sınırını fazlasıyla aşıyorsun artık ey insan" dedi baykuş. "Bana verdiğin sözleri ne çabuk unuttun? Hani aklına, sezgine ihanet etmeyecektin?"

Adam o an fark etti bir hata yaptığını... Lakin bazı kuşlar çoktan tüylerini döküp gittiği için, adamın karanlıkta etrafı ışıl ışıl görebilme, gözleri kapalıyken bile yaklaşmakta olanı bilme kabiliyeti yok olup gitmişti.

Baykuş adama küsmüştü, kuşlardan birini çıplak bırakmıştı artık. Eğer geç kalsaydı diğer bütün kuşlar da çıplak kalacaktı bundan böyle... Soğuk kış günlerinde donarak öleceklerdi.

İnsan nasıl bu kadar düşüncesiz ve bencil olabilirdi?

"Kocaman ayıların ve aslanların ölmesini bekle. Onlar öldükten sonra postlarını alıp karını ve çocuğunu ısıt" diye tavsiyede bulundu baykuş. Adam postu büyük ve kalın hayvanlardan faydalanmayı mantıklı buldu. Ancak baykuşu dinlemedi. Aslanı da ayıları da avlamaya başladı. Hayvanları en savunmasız anlarında kıstırıp canlarını aldı. Derilerini yüzüp karısına ve çocuğuna götürdü, onlara kıyafetler, yataklar, döşekler yaptı. Kış mevsimini üşümeden atlatacaklardı böylece...

Ancak adam şimdiye dek kullandığı kabiliyetlerini kullanamaz olmuştu. Sezgileri çalışmıyordu, yaklaşmakta olanı sezemiyordu, hissedemiyordu, eskisi kadar keskin göremiyordu, içine doğanlar olmuyordu, yanlış çıkıyordu.

Bu âleme gelirken yanında getirdiği bütün yetenekleri sönmüştü. Hayat artık çok da kolay geçmiyordu onun için... Yine başladı hıçkıra hıçkıra ağlamaya...

Beklediği sesi işitebilmişti ama... "Neden ağlıyorsun?" diye sordu ses. "Çünkü ben elimi kana buladım" dedi adam. "Hiç istemediğim halde hayvanları avlayıp postlarını aldım, ailemi sıcak tutacak kıyafetler yaptım. Başka çarem yoktu ki, ne yapabilirdim? Sonuçta ben bir insanım, beni taçlandıran da sensin."

Ses kızgındı bu kez. "Sen saltanatı başındaki taşta mı sandın yoksa?" dedi. "Ben, sana verdiğim akılla taçlandırdım seni... Oysa sen her fırsatta aklından geri durdun. İhtiyacın olanı elbette alacaksın, muhtaç olduğunu elbette karşılayacaksın ama bunu yaparken başka canları üşütmeyeceksin, başka canları öldürmeyeceksin."

Adam da zaten bunu tercih edeceğini düşündü. "İyi ama bunu nasıl yapabilirdim ki?" diye sordu. "Yapamazdın" dedi ses. "Yapamadın da zaten. Yapamayacağın için insan oldun. Elini kana buladığın an ruhsal yeteneklerini, meleksi duygularını kaybettin. Bu senin kaderindir insan, sen melek değilsin. Mecburiyetini kabul edeyim o halde. Bundan sonra ihtiyacın olanı al, fakat ihtiyacından fazlasına katiyen dokunma."

Adam kabul etti ve bir söz daha verdi. İhtiyacı kadarını alacaktı bundan böyle, ihtiyacından fazlasına dokunmayacak, zarar vermeyecekti hiçbir canlıya.

Lakin sözünde duramadı. Başka renkte kürkleri de olsun istedi. Siyah kürkü de olsun, beyaz kürkü de olsun, kahverengi kürkü de olsun... Karnı doyduğu halde başka avların peşine düştü. Ondan da tatmak istedi, bundan da tatmak istedi. Karısına da türlü çeşitli kürklerden kıyafet yaptı, çocuğuna da. Onları da yedirdikçe yedirdi.

Bir karga dost olmuştu adama, yanından hiç ayrılmıyordu. Her ne yaparsa yapsın "Sen daha fazlasını hak ediyorsun" diyordu ona. "Sen daha fazlasını hak ediyorsun, sen daha iyisine layıksın, layık olduğunu al, ihtiyacın olanı değil, daha iyisi hangisiyse onu al."

Adam şişindikçe şişiniyordu karganın sözleri üzerine. İhtiyacının peşinde değildi artık, daha iyisinin peşindeydi, kendisini de ailesini de her şeyin en güzeline ve en iyisine layık buluyordu.

Karnı tıka basa doluydu ama iyi hissetmiyordu, üstü başı kalındı ama memnun değildi, ailesi hayatta ve sağlıklıydı ama mutlu değildi. Giderek harap oldu, kalbinde derin bir sızı duyuyordu. Karganın pek de iyi bir arkadaş olmadığını anlamıştı. Yaptığı her kötülükte desteklemişti onu, daha beter kötülükler yapmaya teşvik etmişti.

Böyle bir insan olmadığını hatırladı. Bu kadar kötü hissetmemişti hiçbir zaman. Bu kadar acımamıştı hiç kalbi... Bir taşa oturup hıçkıra hıçkıra ağlamaya başladı yine... Ne var ki beklediği sesi işitemedi. Daha parçalandı içi, daha da isyan etti haline, daha da ağladı...

Nihayet uzaktan ve derinden de olsa sonunda işitebilmişti o sesi.

"Allah'ın nurundan üflediği kanatlı atlar gibi uç" dedi ses.

Ne demekti ki bu şimdi, ne yapmalıydı yani bilemedi. Nereye gitmeliydi, ne yapmalıydı?

O sırada koyunlarını gütmekte olan bir çoban gördü. Çobana yaklaşıp "Ben bir ses işittim" dedi. "Allah'ın nurundan üflediği kanatlı atlar gibi uç dedi ama bu çok anlaşılmaz geldi bana, çözemiyorum."

Çoban gülümsedi adama. "Daha evvel anlaşılır konuştuğunda kıymetini bilmediğindendir" dedi ve devam etti konuşmaya. "Geldiğin yeri unuttuğun için, ihtiyacından fazlasını aldığın için kim olduğunu unuttun, olduğun kişiden uzaklaştın. Sen kendine yabancılaştıkça sözcükler de sana yabancılaştırılır. Sen kendini anlamadıkça anlayamadığın sözler işitirsin. Günlerce düşünürsün deliye dönersin, çözemezsin. Sen kendini anlayamazken o seni anlar ama... Bak bana, kuzuları sesinden ayırt ederim ben. Hepsinin bir yeri vardır, sesleri ayrıdır, ama seninki gibi gafil kulaklar hepsini bir sanır."

Adam hiçbir şey anlamadı... Ağlayarak uzaklaştı çobanın yanından. Kanatlı atlar gibi uçmak ne demekti? Sonra tam üzerlerine basmak üzereydi ki ayağının altında bir karınca sürüsü gördü. Buğday tanelerini sırtlanmış karıncalar kaynıyordu yerde. Ne kadar hızlıydılar. Onların çalışma aşkını ve azmini izlemekten kendini alamadı adam.

Eliyle gözyaşlarını silip karıncaları izledi uzun uzun. "Bekleyen pas tutar çalışan biriktirir" dedi bir karınca. Adam başladı düşünmeye. Çalışmak yerine hayvanın üzerindeki hazır kürke konmayı, çalışmak yerine yatmayı seçmişti hep adam. Yaşatmak yerine öldürmeyi seçmişti... Başkalarının kadınlarına bile bakmıştı. Onun olmayana bile el uzatma cüretini göstermişti. Çünkü daha güzeline, daha iyisine layık olduğuna ikna olmuştu. Karısını aldattıkça ne bereketi kalmıştı, ne gücü... Bilmiyordu ki erkeğin bereketi karısıyla kurduğu ilişkiye bağlıdır. Erkeğin gücü ve kazancı, karısına karşı koruduğu sadakatiyle ve ona duyduğu saygıyla artardı. Adam, ailesine sadakatini yitirdikçe, karısını aldattıkça hayatındaki bereket pınarı kurudu, gücü zayıfladı, hükmü söndü... Her şeyden fazlaca elde ettiği halde hayrını görmedi, mutlu olamadı.

Adam karıncaları izlerken, bir hüthüt kuşu geldi yanına ve "Beklediğin haber sendedir, beklediğin haber ruhuna mühürlüdür, senin içindedir" dedi.

Bir umut doğdu adamın içine... Neyi eksik yaptığını düşündü ve pişmanlıkla tövbe etmeyi seçti. Yaptıklarının çok yanlış olduğunu biliyordu ve çok üzgündü. Ellerini göğe kaldırdı, sonra başını yere eğdi, bir yere baktı bir göğe baktı.

O sırada bir ses işitti.

"Yerin ve göğün bilgisi Allah'ın yanındadır, onu dilediğine verir."

Bunun üzerine yer yarıldı ve üç ışık huzmesi çıktı ortaya. Sonra gökten üç ışık huzmesi indi yere... ✡ Biri ters, diğeri düz iki üçgen geçti birbirine.

"Bu nedir?" diye sordu adam.

"Yeri ve göğü meydana getiren Allah her şeyi dört ana sırda toplamıştır. Ateş, toprak, hava ve su..." diye karşılık verdi ses.

"Peki ben bu bilgiyle ne yapacağım?" diye sordu adam.

"Sen bu bilgiyle fazla olanı azaltacak az olanı artıracaksın" dedi ses. "Göğe ve yere hükmetmek için önce göğe ve yere hizmet etmeyi öğreneceksin."

Adam göğe ve yere nasıl hizmet edeceğini bilmiyordu ama anlamıştı hatasını sonuçta. Artık eskisi gibi hayvan öldürmüyordu, elindeki kürklerle idare ediyordu, toprağı kazıp güzel tohumlar ekiyordu, onları büyütüyordu, elinden geldiğince ekip biçtikleriyle besleniyordu. Hastalandığında sadece ihtiyacı kadar hayvan eti yiyordu. Yün eğiriyor, yünden yatak ve kıyafet yapıp ısınıyordu. Bir canı incitmemek için elinden geleni yapıyordu ama nihayetinde ihtiyacından fazlasını elde etmek için çok cana kıydığından eski kabiliyetlerine katiyen kavuşamıyordu. Sabırla devam etti yeni yolunda.

Bir gün bir ağacın yanında durdu. Öyle güzel bir dal uzandı ki ağaçtan sanki ona sunulan bir hediye gibiydi. Ağacın dalını tuttuğu gibi kopardı adam, sonra çok pişman oldu. "Keşke önce izin isteseydim" diye geçirdi içinden, çünkü bugüne kadar başına ne geldiyse bencilliğinden, incitmekten ve saygı duymamasından gelmişti.

"Sabrın sonunda bir nefes var" dedi bir ses. "Onu tadan cennettedir."

Adam düşündü bunun üzerine. "Acaba sabrettiğim için güzel şeyler mi olacak bundan böyle? Çok üzgünüm, çok yoruldum. İnşallah artık güzel şeyler olur, eski sezgilerimi ve görümü geri alırım."

Adam elinde bir asayla yürürken, Zümrüdüanka kuşunu gördü ve seslendi ona. "Hey Zümrüdüanka! Ne kadar da güzelsin, eskiden seni daha sık görürdüm."

"O zavallı yarasayı çıplak bırakmadan önceydi" dedi Zümrüdüanka. "Bencillik ettiğin günden beri seni saymayız."

Adam üzüldü, başını öne eğip "Ben çok üzgünüm, çok da pişmanım" dedi. "Öğreniyorsun işte" diye karşılık verdi Zümrüdüanka. "Şunu unutma ki derdi olan bir kere ölür, bin dermana doğmak için..."

"Ben bin kere öldüm Zümrüdüanka ama hâlâ dermanımı bulamadım" dedi adam. "Sabret" dedi Zümrüdüanka. "Sabır insanı yakar öldürür ama sonra yeniden doğarsın, sabrettiğin günler seni büyütür."

Bir nar ağacı gördü sonra, ağlayarak gidip sarıldı ona. Ölesiye suçlu hissediyordu kendini ve ölesiye yalnız, terk edilmiş. Sevilmeyi umarak sarıldı ağaca, onun şefkatine bile muhtaç hissedıyordu kendini. Ağlamaktan hayli yorgun düşmüştü, oracıkta daldı uykuya.

Rüyasında dile geldi nar ağacı...

"Sen bizi can bellemeyip talan etmiştin" dedi. "Bazılarımızı kesip attın, çocuğun bahçede oynasın diye bizleri kestin, bahçeni genişlettin. Çocuğun üzerimize tırmanır da düşer diye endişelenerek baltanı vurdun bağrımıza. Canımız yanmaz sandın. Sanki canı yanan sadece insanmış gibi düşündün. Oysa biz hissederiz, üstelik aynı anda binlerce nar ağacı ne kadar uzaklarda bile olsa hisseder, duyar, bilir acımızı... Bir tanemizde bile bir hastalık türese hepimizin haberi olur bundan... Bizim köklerimizde toprağa, topraktan birbirimize akan görülmez ve duyulmaz kuvvetli bağlarımız vardır. Görünmeyen bağlarla birbirimize bağlıyız biz. Bir nar ağacı, binlerce nar ağacıdır. Bir nar ağacına dokunmak binlercesine dokunmaktır. Bir tanesinin canını yakmak binlercesinin canını yakmaktır. Sen bizi keserken biz kıyametimiz geldi diyerek ağlamıştık. Ama şimdi bana sığındın, hatanı anladın, bize yaptıklarının bedelini ağır ödedin. Şimdi yeryüzünde anlat dur, hakkından fazlasını alan, her şeyi kendinin sanan, ağacı, ormanı, kuşu telef eden zalimin halini. Bizim ahımız insanoğlunu hep bulmuştur, hep bulacaktır. Ta ki siz bir gün gerçekten olgunlaşana ve bencilliğinizden vazgeçene dek."

Acıyla ve güçlü bir yürek çarpıntısıyla uyandı adam. Ağaçların köklerinde onları birbirinden haberdar eden görünmez bir sistem, sonsuz bir bağ vardı demek. Ne kadar da hoyrat ve bencil davranmıştı onlara. Düşününce daha da kahretti kendine. Nar ağacının bile ahını almıştı...

Sonra birden gök gürlemeye başladı, hava kapkaranlık olmuştu. Çok korkmuştu adam, niye bu kadar korktuğuna anlam verememişti. "Karanlıktan mı korkuyorum?" diye düşündü. "Neden bu kadar ürktüm ki?"

Derken üst üste şimşekler çakmaya başladı ve sonra bir ses yükseldi. "Kararmasa gök ışığın ne kıymeti var?" dedi. Adam çok korkuyordu ama sesi duyunca rahatlamıştı yine de. Koşarak köyüne döndü. Elleriyle özene bezene yaptıkları kuleye yıldırım düşünce, nasıl da paramparça olduğunu izledi. Çok üzülmüştü. O kuleyi yapmak için yıllarca çalışmışlardı, bir sürü çocuk yetiştirmişler, büyütmüşler, yenilerini doğurmuşlardı. Bu kule yükseldikçe kendilerini göğe daha yakın hissetmişlerdi.

İşlediği günahlar yüzünden ulaşamadığı Allah'a bu kule sayesinde ulaşmayı ummuştu hep.

Günahları öyle çoktu ki hiçbirinde ruhsal bir yetenek kalmamıştı. Ne sezebiliyorlar, ne içlerine doğuyor, olacağı hissedebiliyorlar, ne yaklaşmakta olanı anlayabiliyorlar, ne konuşulmayanı duyabiliyorlar, ne karanlıkta görebiliyorlardı. Artık akıllarını bile kaybetmişlerdi. Günahları affolunsun diye göğe uzanan bir kule yapmaya bile kalkışmışlardı işte. Allah'a kule inşa ederek değil, kendini anlamayı başararak ulaşılabilirdi halbuki. Bu bilgiyi çoktan unutmuşlardı ama...

Yıldırımlar çaktıkça korkudan titriyordu hepsi... Sağa sola kaçışırlarken bir ses duyuldu:

"Hiç kimsenin hükmedemediği yerde hüküm Allah'ındır!"

Korkuyla kaçışan insanların arasında yapayalnız hissetti adam, ne yapacağını bilmiyordu artık. Gecenin karanlığında, bu şiddetli yağmurun altında çaresiz kalmıştı. Karısının yaklaşmakta olduğunu fark etti sonra, iki gözü iki çeşme ağlıyordu kadın. Birbirlerine sıkı sıkı sarıldılar, sabaha kadar birbirlerini öpmeye devam ettiler. Ne kadar kıymet bilmez olmuşlar meğer... Ne ayrı düşmüşler birbirlerine duydukları sevgiden.

Bilmek istediği ve uğruna bedenlenmeyi kabul edip bulunduğu âlemden inmeye bile razı olduğu sevgiyi ne çabuk unutmuştu adam. Sıfırdan, bire, birden ikiye, ikiden üçe gelişerek büyüyen o sevgiden nasıl da uzaklaşmışlardı.

Gece kapkaranlıktı, şimşekler artık çakmıyordu ama gökte parıl parıl parlayan bir yıldız belirdi ve o an bir ses duyuldu:

"Sır saklayan gecedir güneş değil, artık aydınlan, geceden korkmadığın gün, sırra ereceksin."

Bunun üzerine aydınlığını verdi adam. "Bundan böyle gecenin son anını sadece Allah'a ayıracağım. Bu vakitte onu anacağım, kendimi dinleyeceğim, bu vakitte anlam veremediğim sorulara cevap arayacağım."

O günden sonra gecenin en karanlık ve sabaha en yakın saatinde uyandı adam. Dualar etti hep. Yaptığı hataları düşündü, pişmanlık duydu. Af diledi, şükretti.

Giderek güzellikler doğdu hayatına. Kendini daha iyi hissetti, daha mutlu oldu. Onu seven özleyen biri vardı sanki, bunu sezdi ama kim olduğunu ne olduğunu bilmiyordu henüz.

Artık dünyanın en iyi insanıydı, yaptığı kötülüklerden vazgeçmişti, birini incitse bin defa af diliyordu. İyice yaşlanmıştı, giderek çöküyordu. Yaşadığı hayat, gözlerinin önünden akıp geçiyordu...

Baykuşu çok düşünür olmuştu. Sonra bir ses duyuldu: "İyi insan cennetin özlediğidir."

Gitme vaktinin geldiğini anlamıştı, gözlerinden yaşlar aktı adamın. "Ben batıp gidenleri sevmem, ben dağın ardında saklananları sevmem" diyen baykuşu hatırladı. Ne kadar da incitmişti baykuşu, ne kadar da kırmıştı onu, keşke araları hiç bozulmasaydı. Burada yapması gereken bazı şeyler vardı daha, süre isteyecekti kalmak için.

O şimşeklerin çaktığı gece Allah'a dua ettiğinden beri şeytanlarla ve insanlarla anlaşabiliyordu adam. Onların dilini anlayabiliyor ve onlara hükmedebiliyordu da. Allah şeytanlara hükmetmenin sırrını vermişti ona o gece.

Aklında bir kral vardı adamın. Kötü bir kral... Herkese kan kusturmuştu. Halkı zorda bırakmış, zulmetmişti, halkın varını yoğunu yağmalamıştı.

O zalim kral haftada bir kez tıpkı kendisi gibi zalim yöneticileriyle toplanıyor ve birtakım kararlar veriyorlardı birlikte. Onların ne konuştuklarını bilmeyi çok istiyordu adam.

Bu görev için şeytanları ve insanları topladı etrafında. "Bana o toplantılarda neler konuşulduğunun bilgisini kim getirebilir?" diye sordu.

Şeytanlardan biri "Ben!" dedi. "Birkaç dakika içinde o gizli toplantılarda neler konuşulduğunun ne kararlar alındığının bilgisini getirebilirim sana."

"Ben göz açıp kapayıncaya kadar getiririm" dedi insanlardan biri. Adam inanamadı buna. "Sen insansın" dedi. "Şeytanlar insanlardan daha hızlıdır, yanılıyorsun, şeytandan daha çabuk getiremezsin."

"Allah bizi yaratırken akıl vermiştir" diye karşılık verdi insan. "Akıl bütün şeytanlıklardan üstündür. Akıl en sinsi şeytandan bile daha gelişkin ve verimli bir hediyedir. Bilge bir insan şeytanın bile çözemeyeceği şeyleri çözer. Âciz insanlar akıllarına güvenmeyi ve onu kullanmayı unuturlar, şeytanlardan medet umar olurlar, onlarla işbirliği yaparlar, oysa bu insanın en büyük yanılgısıdır, insan aklıyla galip olur her şeye."

Adamın beyninde şimşekler çaktı o an. Başladığı yeri hatırladı. Sıfırı, biri ve baykuşu...

Baykuşun sözlerini hatırladı, başındaki tacın değil kafasının içindeki aklın hükmünü hatırladı. İnsan şeytanlardan daha akıllıydı ve akıllı insan söz verdiği gibi göz açıp kapayıncaya kadar getirdi anahtarı.

Adam, sahip olduğu şeyleri unuttuğu için kahrediyor, gözyaşı döküyordu.

Bir ses duydu o sırada:

"Sen insan, ağlaya ağlaya, yalvara yalvara, sevgi uğruna dünyaya gelip sonra gelişinin sebebini unutup muradına kavuşunca bencilleşen insansın. Kendi canından öte hiçbir cana kıymet vermeyip her şeyi talan eden insansın, sen unutansın... İnsan unutur. Ama Allah çok bağışlayıcıdır."

Bir güvercin uçtu adamın tepesinden, "Köleliğin zindanlarından uçma vaktidir" dedi ona. Adamın bedeni zindan olmuştu ona, "Bilmek istiyorum" dediği sevginin peşinden giderken bedeni bir hapishane kurmuştu ona.

Korumaya çalıştığı, elde ettiği, sahip olduğu her şey yük olmuştu hayatında. Sonunda elinde bir makasla terzi yaklaştı yanına. Ölçüsünü aldı adamın. "İyi elbise olacak kumaş kırk yerden kesilirmiş" dedi. Terziye teslim oldu adam... Bembeyaz elbiseler giyeceğini düşündü, bu dünyadan giderken yanında hiçbir şey götüremeyeceğini anlamıştı. Öylece yığıldı yere...

Adamı yerden kaldırmak için dev bir ejderha geldi. "Ne kadar da güçlüsün ejderha, senden korkuyorum" dedi adam yarı baygın bir halde. "Gücüm en çok kimi korkutuyor sence?" dedi ejderha. "Seni mi beni mi?"

"Bilmiyorum" dedi adam. "Ben korkuyorum, bu kadar güçlü olmak ağır bir yük..."

"Ben de bazen korkuyorum" dedi ejderha.

Az bir zaman sonra adam rahatlasın diye ejderha "Korkma teslim ol" dedi. "Senin için salim ve selim olana teslim ol."

Adamın korkusu geçmişti artık, karısı ve çocukları geride kalmıştı, onlar için üzülmüyordu, güvende olacaklarını biliyordu, teslim olmuştu.

Karısı oğluyla beraber anıyordu adamı, onu çok özlüyorlardı ama bir gün yanına gideceklerini bilmenin verdiği huzurla sabretmeyi öğrenmişlerdi.

Oğul annesine sordu bir gün: "Babamı bir daha ne zaman göreceğiz?"

"Baban bir yola girdi oğlum, hem de güzel bir yola. Yol attır oğlum. Kanatlı bir attır. Kavuşmanın önü hasret sonu vuslattır, orada cennetten bir nefes vardır, elbet kavuşacağız. Baban öyle bir şehirdedir ki kimse fethedemedi o şehri, her gören fethedildi."

"Gitmek istiyorum buralardan" dedi oğul. "Babamı göreceğim yerlere gitmek istiyorum, eğer babamı göremeyeceksem kendimden de kaçmak istiyorum."

"Kendinden kaçanlar başkasında kaybolur" dedi kadın. "Git aynaya bak, gözlerine bak, yüzüne bak... Baktığında kimi görüyorsun?"

Sonra Zuhal yıldızını gördü oğlan, babasını ne kadar özlediğini hatırladı. Güneş Zuhal'e ne kadar uzaksa o da o kadar uzaktı babasından. Zuhal ne kadar soğuksa o kadar soğuktu hasret...

Zuhal seslendi oğlana: "Bir yüzüm ceza gibi görünür aldanma, bir yüzüm de ödüldür. Sabredene vahalarım vardır benim."

Zuhal yıldızı sabredene güzellikler vaat ediyordu. Gülümsedi oğlan. "Bir derdim var" dedi. "Nasıl çözerim bilmiyorum, canım çok acıyor, sabrediyorum ama sabretmekten başka bir şey yapsam da hafifletsem acımı."

"Dert satın alan derman dağıtsın" dedi Zuhal. "Eğer benden yana üzüldüysen, soğukluğum dokunduysa sana, git ve derman dağıt oğul. Acıdan kurtulmanın yolu başkalarının acılarına derman olmaktır."

Bunun üzerine oğlan değişti üzerini, ihtiyacı olana ve yoksullara yardım etti. Onlarla beraber saman taşıdı, gocunmadı, seve seve yardım etti. Yardım ettiği insanlar gülümsedikçe hafifledi acısı, kapandı yarası.

Dünyalar güzeli bir kızla karşılaştı, kızı görünce üstünün başının kirinden utandı. "Affedersiniz" dedi. "O kadar güzelsiniz ki sizin karşınıza böyle çıkmak istemezdim."

"Kadehe ne koyarsan koy, kadeh altınsa paslanmayacaktır" dedi güzel kız. Tam bu sırada babasının baykuşu geliverdi oğlanın tepesine, üç tur döndükten sonra indi yere.

"Baban beni küstürmüştü ama onu senin hatırına affediyorum oğul" dedi. "Sen hiçbir zaman açgözlü olmadın, ihtiyacından fazlasını almadın, kuşlara hayvanlara musallat olmadın, sadece kendini düşünmedin, sana en güzel bakışımla bakıyor ve nazar ediyorum, bakışım bir oktur matlubuna isabet eden. Elmanın eksik yanı seni arıyor."

Güzel kızla göz göze geldi oğlan. "Galiba eksik yarımı buldum" diye düşündü. "Sana emek vermek, hizmet etmek, seni korumak, kollamak isterim. Emek verdiğinin kadrini bilirsin, çaba sarf edince kıymetli olur sevdiğin" dedi kıza.

"Benim bir derdim var" dedi kız. "Senin olamam."

"Ne derdin varsa dermanıyla arkadaştır" dedi oğul.

"Bu aklın çözeceği, gözlerin göreceği bir dert değildir, benim babam yıllardır zindanda yatmakta, hiçbir suçu günahı olmadığı halde onu kurtaramıyorum, ne yapsam olmuyor, her şeyi denedim" dedi kız.

"Her şeyin bir çaresi vardır" dedi oğul. "Akıl insana lütuf mudur ceza mıdır bilinmez ama aklın çözemeyeceği şey yoktur."

"Akılla çözemedim" dedi kız. "Ne ettimse olmadı."

"O zaman duayla çözersin" dedi oğlan. "İster inan ister inanma, iş olacağına varır, umut duadır."

Kız çok şaşırdı, hiç dua etmemişti şimdiye kadar. "Seninle evlenelim sonra babamın yaptığı gibi gecenin en karanlık ama sabaha en yakın saatinde kalkıp Allah'a yalvaralım mı?" diye sordu oğlan.

Kızın içine bir sevinç ve heyecan dolmuştu, bu teklifi reddedemeyecekti. "Olur" dedi. Hemen gün içinde evlendiler. Gecenin en karanlık ve sabaha en yakın saatinde kalkıp Allah'a yalvardılar. Bir gün, iki gün, üç gün, bir ay, iki ay, üç ay... Derken mucize gerçekleşti ve kızın babası affedildi, salıverildi.

Zindandan çıkan baba kızına koşup sarıldı ve "Her şeyin varken çıplaksın hiçbir şeyin yokken de çıplaksın, örtü sadece nesnenin ihtiyacıdır" dedi.

Anne gelinini çok seviyordu, elbette gelinin babasını da misafir etmekten gurur duyacaktı. Gelinin babasına neden hapse düştüğünü sordular.

Adam derin bir iç çekti. "Perdeler kalktığında insan insandan utanır" dedi. "Anlatmak kolay olsa zaten anlatırdım beni mazur görün."

Anne oğul ısrarcı olmadılar tabii... Rahat bıraktılar misafiri... Döşek serip yatak hazırladılar adama.

Bu misafirlik güzel olmuştu sanki, adam biricik kızının kollarında öldü o gece. Oğlan da kız da babasız kalmışlardı artık.

Babasız kalmak ne demekti?

Güneş'ten uzak olan Zuhal kadar uzak ve Güneş'ten uzak olduğu için buz gibi olan Zuhal kadar soğuktu hasret, ama acıtan acıların, kanayan yaraların dermanı, başkalarına derman olmaktan geçiyordu. İkisi de öğrenmişti bunu...

Babasının ağlayarak kazandığı görüyü, sezgi gücünü ve aklı, hiçbir zaman Bir'deki kadar güçlü biçimde kullanamasalar da gecenin en karanlık ve sabaha en yakın saatinde Allah'a yakararak kötülüklerden korundular, dileklerine kavuştular.

İhtiyacından fazlasını almadan, açgözlülük etmeden, severek ve sevilerek yaşamak kâfiydi iyi bir insan olmaya... Hem zaten ne oluyordu ki sonra, Güneş'e uzak olan buz gibi Zuhal misali hasret düşüyordu insan... Üzüntüden beri kalmak için aklını kullanan ve gecenin en karanlık ama sabaha en yakın saatinde Allah'a yalvaran insan...

Her Şey Mezopotamya'da Başladı

Mezopotamya'nın dünya tarihindeki yeri çok önemlidir. **Medeniyetin doğduğu** topraklardır her şeyden önce Mezopotamya... Sümerler, Akadlar, Babilliler, Asurlular, Mezopotamya topraklarında doğmuş büyük medeniyetlerdir. Yazı, matematik, astronomi, tarım ve su yönetimi bu medeniyetlerle gelişmiş ve dünya tarihine miras kalmıştır.

Ayrıca Mezopotamya, verimli topraklarıyla da bilinir. Verimli toprakları sayesinde önemli bir tarım merkezi olarak da anılmıştır. Bölgedeki nehirler, tarımsal sulama için kullanılmış, böylece verimli topraklar korunmuştur.

Mezopotamya, İpek Yolu üzerinde yer almaktaydı. Dolayısıyla ticaret ve kültürel etkileşim açısından önemli bir yer işgal ediyordu tarih sahnesinde.

İpek Yolu, Çin'den Batı'ya kadar uzanmaktaydı. Mezopotamya, Asya ve Avrupa arasında bir köprüydü.

İnsanlık tarihinin ilk şehirleri de yine Mezopotamya üzerinde kurulmuştur. Bu şehirler, büyük bir nüfusa sahip olarak, ticaret ve kültürel açıdan önemli etkileşim merkezlerine dönüşmüştür.

Mezopotamya, pek çok önemli savaşa da sahne olmuştur tabii ki. Asurlular ve Babilliler arasındaki savaşlar, Perslerin bölgeyi fethetmesi ve İskender'in bölgeyi istilası, önemli tarihi olaylar olarak kayıtlara geçmiştir.

Elbette dünya dinlerinin doğduğu yerlerden biri olarak da önemli bir yerdir Mezopotamya... İbrahimi dinler (Yahudilik, Hıristiyanlık ve İslam) bu bölgede doğmuş ve yine buradan dünyaya yayılmıştır.

Mezopotamya, zengin bir kültürel mirasa da sahiptir. Burada mimari, sanat, edebiyat, müzik, dans ve pek çok kültürel ifade biçimi doğup gelişmiştir.

Mezopotamya, bilim ve teknolojinin gelişiminde de çok önemli bir rol oynamıştır. Matematik, astronomi, fizik, tıp ve diğer bilim dalları yine burada doğup gelişmiştir. Mezopotamyalılar, 60 tabanlı sayı sistemine, günümüzde kullanılan takvime, çemberin 360 derece olarak belirlenmesine imza atmışlardır.

Mezopotamya topraklarında çok önemli arkeolojik kalıntılar bulunmuştur. Örneğin, Sümer kent devletlerine ait tapınaklar, Asurluların sarayları ve surları, Babil Kulesi ve diğer yapılar, bölgenin tarihi ve kültürel mirası olarak büyük bir değerdir.

Mezopotamya'nın tarih sahnesinde neden önemli bir yer teşkil ettiğini anlatmaya elimdeki sayfalar yetmez. Bu yüzden konuyu daha fazla uzatmayacağım.

Kendi ilmim bağlamında Mezopotamya'nın 16 rakamıyla ve Babil'le olan bağlantısına biraz daha yakından bakarak dikkat çekmek istiyorum.

6 Şubat'ta 16 derece Aslan'da yaşanan dolunay, ezoterik olarak Babil'in yıkılan kulesine karşılık gelir. Yukarıda da anlattığım gibi insanlık kendini her kaybettiğinde dönüşümün başlayacağı noktadan bir yıkım gelmiştir. Babil Kulesi defalarca yıkılmıştır ve bu döngüler böylece devam edip gidecektir.

Babil, Mezopotamya'nın güneyinde, bugünkü Irak'ın Babil ilinin yaklaşık 85 km güneyinde yer alan bir antik kenttir. Babil'in, Fırat ve Dicle nehirleri arasında, verimli toprakları vardır, stratejik konumu nedeniyle önemli bir yerleşim yeridir.

Babil Kulesi'nin yıkılışı neden önemli?

Çünkü bu olayın ardından insanlar ayrıştılar. Şimdi Mezopotamya ikinci kez büyük bir yıkımla karşı karşıya... Ancak bu kez açığa çıkan enerjiyle, insanlığın tek ve bütün olması sağlanmaya çalışılıyor. Yaklaşık 200 yıl içinde insanları tek bir topluluk olarak bir araya getirme planı söz konusu. Çılgınca ve tutkuyla istenen bir plan bu... Eğer ilahi bir bağlantıyla isteniyorsa gerçekleşecektir tabii ki. Bir grup ya da kötü niyetli insanların planı ise tökezleyecektir. Altından güçlü bir Türk devleti doğacaktır. Zaman zorlu ilerleyecek, insanlar ölecek ve doğa uyanışını 20 yıl sürdürecektir.

Ayrıştığımız yerden birleşmek zorundayız. Sadece "can" için can taşıyana saygı duymak ve sorumluluk almak en büyük görevimiz ve ödevimiz. Geldiğimiz noktada anlıyoruz ki can taşıyan her varlık kutsal... Sadece insan değil, göçük altından insan çıkaran köpekler ve türlü hayvanlar, canlılar da öyle... İnsanoğlu köpekleri şehir hayatı açısından zararlı bulup en zalim yoldan katletmeye başladıkları halde, onlar yine insanoğlunun imdadına koştular.

Hâlâ uyanmayacak mıyız?

Kimse Mezopotamya'yı hafife almasın, aman!

İnsanlık burada kuvvet buldu ve yine burada nihayet bulacak...

Satürn de artık Balık burcunda suyun alanına geçtiğinde, bu bölgede su savaşları, su için savaşlar başlayacaktır. Böylece bu bölgenin jeopolitik önemi daha da artacaktır.

Bütün bunlar bize, doğusundan batısına, kuzeyinden güneyine kadar, ülkemizin her köşesine sahip çıkmamız ve çok dikkatli olmamız gerektiğinin bilgisini vermektedir. Yani önümüzde çok önemli bir süreç var. Suyun bilgisi... Toprağın bilgisi lazım bize... Daha çok ev ya da daha çok para değil, daha çok bilgi, yöntem ve tecrübe...

Plüton-Kova, önemli bir çağdır.

Plüton, kötücül bir gezegendir. Dünya parçalanarak kıtalara ayrıldıysa bunda plütonik enerjilerin parmağı vardır. Yıkımın işareti astrolojik sembolü Plüton'dur. Yıkımlar ve dönüşümler anlamına gelir bu gezegen.

Toprak anaya ve iklime karşı sorumlu olduğumuzu hatırlamamızın zamanıdır artık... İklimleri bozuyoruz, doğayı kirletiyoruz. Ağaçlara, bitki örtüsüne, toprağa sahip çıkmalı, hayvanlarımızı incitmemeli, doğa anaya karşı sorumluluklarımızın farkında olmalıyız. Başka çaremiz yok. Yıllardır yaptığım her yayında bu konunun altını çiziyorum. Ben Greenpeace ya da bir örgütün elçisi olarak konuşmuyorum, doğa anaya karşı sorumlu bir vatandaşım sadece... Bundan böyle hepimizin görevi bu... Önümüzdeki süreç bu farkındalığı istiyor bizden.

Plüton yıkıp yeniden yapılandırmayı anlatacak bize. Ayrıca doğu bölgesi de, Kova burcuyla çok ilintilidir ve Doğu Anadolu'da yaşanan bütün afetlerde Kova burcunun parmağı vardır. Doğu Anadolu bu durumda zaten yeniden yapılandırılacaktır, orada yeni evler inşa edilecektir ama ben daha ötesinde bir konudan söz ediyorum burada.

2044 yılına kadar Doğu Anadolu'da ve Ortadoğu'da yeniden yapılandırma yaşanacaktır. Bu sürece İran, Suriye, Lübnan, İsrail, Filistin, Azerbaycan, Ermenistan'la olan sınırlarımız da dahil... Bütün bunlar yaşanırken bizim üzerimize düşen görev, vatanımızı korumak, bütünlüğümüze sahip çıkmak olacaktır. Sınır güvenliğinin güçlü tutulması her zamankinden daha önemli... Artık vatanperver olma zamanıdır. Ayrımcılıkların her türlüsünü ilelebet terk etmek gerekiyor. Bizim için tek bir ırk var bundan böyle, insan ırkı... Hayvanlar da bu tek ırkın içinde sayılmalıdır artık, ortak paydada eşit haklarda canlıyız hepimiz.

Büyük dönüşümlerin yaşanacağı bir sürece denk geldik. Bu dönüşümü destekleyecek çok şey yaşanacaktır elbette. İlaç eksikliği ve salgın hastalıklar sorunu da baş gösterecektir.

Hiç kimse akıl, bilgi ve ilim sahibi, insancıl, canlıya saygılı, kendini seven, vatanını seven, bayrağını seven, insanları

seven, sorumluluk almayı bilen, etik değerleri yüksek bir insanı ve bu tür insanların oluşturduğu toplumu yenemez. Yani önce bireysel iyileşme sonra da toplumsal iyileşme sağlanmalıdır artık.

Kitap boyunca değineceğim her konu, açacağım her başlık, önereceğim her uygulama önce bireysel iyileşmeye sonra da toplumsal iyileşmeye yönelik olacaktır.

Genç neslin hızlı tüketimle, teknolojiyle ve sosyal medyayla uyuşturulmaya çalışılmasının nedeni de bu... Bir insanın aklını, bilincini, zihnini kontrol ettiğinde, başka bir müdahaleye gereksinim kalmaz. İlahi güçle temas ettiğimiz yer beynimizdir zaten. Yaratanı en şuurlu halimizle fikirlerimizde, aklımızda tanıyoruz önce. Aklı olmayan zaten hiçbir şeyden sorumlu hissetmiyor kendini. Aklı yetmeyen, düşüncesiz olan, bencil olan, bilinçsiz olan elenir.

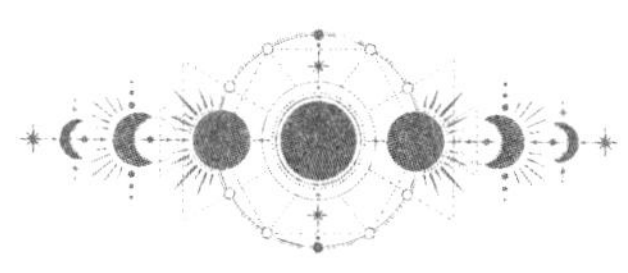

Anadolu'nun Acıya ve Ağıta Yatkınlığı

Psikiyatrların yaptığı araştırmalar ve analizler, Doğu toplumlarının duygularını kontrol etme konusunda daha zayıf olduklarını gösteriyor bize. Ağıt yakma kültürü Doğu toplumlarında çok güçlü ve çok sert. Yaşanan trajedileri daha da derinleştirme, başa ve yüze kül ya da toprak sürme, yakınma, beddua etme, Doğu toplumlarında yüzyıllardan beri genç kızların namus gerekçesiyle temiz ve masum olarak katledilmeleri, hayvanların katledilmeleri güçlü etkiler yaratan deneyimler... Doğu toplumları acıyla çok yakın bir ilişki kurmuş.

Peygamberimiz de acıyla ve yüksek sesli, gösterişli bağrış çağrışlarla ağıt yakmadan yas tutmayı tavsiye etmektedir. "Ölülerin başında sesli ağlayarak ağıt yakmayın" diye öğütlemektedir. Ağıt, acıyı hafifletiyor gibi görünse de nihayetinde acı acıyı gözyaşı da gözyaşını getirir. Ağıt yakmayı, acıyla haşir neşir olmayı duygusal ve zihinsel olarak reddetmek gerekir. Doğu toplumlarının yani bizlerin başından musibet eksik olmazken, Batı toplumlarına baktığımızda tersini görürüz. Hatta buna çoğu zaman isyan ederiz neden bu düzen böyle diye.

Öncelikle acıyla duygusal ve zihinsel olarak kurduğumuz yakın ilişkiyi kesmeye niyet edelim. Dinlediğimiz şarkılardan, izlediğimiz filmlere kadar hepsinin içinde acı, ıstırap ve gözyaşı arayan bir toplum olduğumuzu kabul edelim. Akşam eğlenmek için dışarı çıkmak isteyenler bile şarkılarla efkârlanıp ağlayabilecekleri mekânlar ve ortamlar arıyorlar kendilerine. Acıya karşı derin bir zaafımız, düşkünlüğümüz, acıyla yakın bir ilişkimiz var. Kendimizi farkında olmadan bir acı döngüsünün içine sokuyoruz. Mutlu insanları reddediyor, onları küçümsüyor, basit ve sığ olmakla içten içe itham ediyoruz, yargılıyoruz.

Rahatsa, mutluysa, derdi yoksa "bizden olmadıklarını" düşünüyor, dışlıyor, yanlarına yaklaşmıyoruz bile. Acı çekmeyen, mutlu ve neşeli insanlarla köklü dostluklar kurmamız mümkün değil gibi... Onları zalimce eleştirebiliyor, yargılıyor, uzaklaştırıyoruz kendimizden.

Öncelikle acıyla yüzlerce yıldır atalarımızdan beri kurduğumuz derin ve köklü bağları kesmemiz lazım. Bunun için niyet edebilir ve bundan sonra acıya her öykündüğümüzde, o çukura düşmemek için kendimizi uyarabiliriz.

"Atalarımızdan, tüm kadın ve erkek atalarımızdan, dede ve ninelerimizden günümüze kadar, kontrolsüz duygusal bağlanma, takıntılı sevme, beddua etme, başımıza kül ya da toprak atma, bağrımızı dövme, acıdan beslenme davranışlarını nereden ve ne zaman aldıysak şimdi yıkılsın ve yaratımı iptal edilsin. Yerine Yaradan'ımızın iyileştiren saf enerjisi dolsun."

Uyanış için akıl şarttır. Farkındalık ve duyarlılık için, sorumluluk alıp dönüşümü en acısız şekilde atlatabilmek için akıl çok ama çok elzemdir.

Akılla, ilimle, bilimle meşgul olanlar ilerler, gelişir, değişir. Kuran'da 49 yerde fiili olarak "akıl" kelimesi geçmektedir. Allah'ın bize seslendiği yer beynimizdir. Bize beynimiz aracılığıyla hitap eder, akıl eksikliği olanlar hiçbir konuda hiçbir şekilde sorumluluk taşımazlar. İbadetten de sorumlu tutulmazlar, muaftırlar. Çünkü sorumluluk sahibi olmak için akıl sağlığı gerekir.

Aklını kullanan insan yaşamın dengesinin farkında olan ve buna göre davranıp yaşayan insandır. Eğer insan yalan söylüyorsa, faiz yiyorsa, aldatıyorsa, dolandırıyorsa, mağdur ediyorsa, can alıyorsa, canlıların canını yakıyorsa, hepsi ve her şey kendisi için yaratılmış gibi davranıyorsa, tabii ki herkes gibi o da ektiğini biçme sürecini yaşamakla mükelleftir. İlahi adalet elbette tecelli etmeyi bekler. Yanlıştan dönülmesi için insanoğluna tanıdığı süre elbette sonra erer ve bir hasat dönemi başlar.

Kabul ettiğin ve yaptığın her eylem sana bir yol açar, bir kapı aralar. Dolayısıyla her eylem ve her kabul, yani her yatkınlık (meyletme de diyebiliriz) bir niyettir, o yolda bir adım atmaktır. Meylederek araladığın her kapıdan geçersin. Açtığın o kapıdan kendine bir hikâye oluşturmaya başlarsın. Hırsızlıktan, yolsuzluktan şikâyet eden insanlar olarak oturup düşünelim biz kimi ne zaman nasıl dolandırdık?

Geçenlerde alışveriş yaptığım bir mahalle esnafı yolsuzluk ve pahalılıktan dem vuruyordu ayaküstü. "Allah aşkına söyle hiç mi tartıda hile yapmadın?" diye sordum. "Aldığın ürünün fiyatını kafana göre yükseltmedin mi hiç, solmuş maydanozları dirisiyle karıp satmadın mı, tezgâhın önüne iyisi altına çürüğünü doldurmadın? Birini yapmamışsan ötekini muhakkak yapmışsındır."

Sustu kaldı. Canı sıkıldı, bozuldu biraz... Sonra "Aman canım" dedi. "Benim yaptığımla koca holdingleri hortumlamak aynı şey mi?"

Aynı şey... Çalmanın, aldatmanın, kandırmanın, haksızlık etmenin büyüğü küçüğü olmaz. Hepsinin temelinde aldatmak ve haksızlık etmek var. Sen her diri maydanozla solmuşu kardığında, her etiket hilesinde kâinata "Ben kandırıyorum, dolayısıyla herkes de beni kandırabilir. Ben aldatıyorum ve kendimi aldatılmaya açıyorum" diyorsun. Sonra ne oluyor? Herkesin herkesi rahatlıkla aldatıp haksızlık ettiği bir topluma, bir ülkeye dönüşüyoruz. Şimdiye dek aldatıp aldatılmayan tek insan yoktur. Kandıran ve aldatan daima hüsrana uğrayacaktır.

Kader planında sana bir yol verilmiştir. Allah bu yolda ilerlemeni bekler senden. Ancak seçimlerinden kendin sorumlusundur. Yolda durup beklediğin duraklardan, tercih ettiğin sapaklardan sen sorumlusundur.

Aldatmaya saparak, aldatmayı seçen kişi, aldatılmaya da kapı aralamıştır. Hal böyle olunca hayatına dolandırıcılık, yalan, kandırma ve manipülasyon dolmaya başlar. Yalan söylemeye sapanın hayatından yalanlar eksik olmaz, kendi de yalanlara maruz kalır, çünkü yalanın sapağından sapmayı seçmiştir. Günün sonunda elbette bunun hasadını toplamayı da deneyimler, ektiğini biçer.

"Kötülere bir şey olmaz" derler ya o aslında tam olarak öyle değildir. Hasadın bir zamanı vardır. Kiminde erken kiminde geç... Kötülükte nispeten daha geç olabilir çünkü onlar en zayıf düştükleri anda belaya bulaşırlar. Mesela çok yaşlandıklarında... Çünkü hasat dönemine geçtiklerini diğer türlü fark etmeleri mümkün olmayacaktır.

Bizim bir komşumuz vardı. Hayatı boyunca çocuklarına, oğluna, gelinine herkese eziyet etmişti, yaşlılığı maalesef korkunç geçti, hepimiz şahit olduk. Mallarını da başkaları yedi, heba oldu, kimseye yaramadı. Pislik içinde, yatalak halde öldü. Çok kötü bir adamdı, zalimdi. Hepimiz zalimin cezasını hemen bulmasını isteriz ama ilahi adalet onun en zayıf olduğu anda yaptıklarının bedelini hatırlatır. Çünkü hasadı derinden deneyimlemesi beklenir. Göksel sistemde dünyadaki gibi geçmiş gelecek hesabı yoktur. Her şey olup bitmiştir bile, bugün kötülük eden gelecekte çekeceklerini zaten hazırlamıştır.

O yüzden tam olarak da şimdi ihaneti, yalanı, aldatmayı bırak. Kötü tohum ekmediği halde zihinsel ve ruhsal olarak acıyla derin bağlar kuran insanlar da ne yazık ki farkında bile olmadan acıya kapı aralarlar, acıya gönüllü olurlar ve gönüllü oldukları deneyimi bir şekilde yaşarlar.

Dolayısıyla bu noktada bilinçli şekilde acıyla kurulan bağların farkına varmak ve bunları sonlandırmak için çalışmalar yapmak gerekir. Acıyla ruhsal ve zihinsel bağımızı keserken bedduaya olan yatkınlığımızı da derhal sonlandırmamız gerekir. **Beddua küfürden daha acı, daha sert, daha yıkıcı ve sarsıntıları kişinin kendisine çabuk geri dönen, sonuçları acıklı bir alışkanlıktır. Acıyı besleyen, hatta çağıran bir söylemdir. Kötüyü dilemek, acıyı davet etmek istemektir beddua. Hem de öfke gibi güçlü ve gerçek bir duyguyla kötüyü çağırmak olduğundan hızlı gerçekleşir. Öfke hızlıdır.**

Temizlik neden imandandır?
Çünkü dönüştürücü bir gücü vardır.

Temiz bir zihin ve temiz bir gönül için, önce temiz bir ortam, temiz bir ev gereklidir.

Dağınıklık ve pislik ruhsal ve zihinsel olarak da dağınıklığa, kaosa ve karmaşaya yol açar. Odası ya da evi karışık olanın aklı da karışıktır, ruhu da. Aklını toparlayamayanların, gönlünü temize çekemeyenlerin, işe evlerini, odalarını dolaplarını toplayarak başlamaları önerilir.

Mutfağın pisse, kirliyse ve düzensizse, hayatında da tam olarak pis, kirli ve düzensiz deneyimlere gönüllü olmuş olursun. Bir evin bolluk ve bereket merkezi sayılan mutfakta düzensizlik ve pislik hâkimse, bolluğun ve bereketin sağlıklı gelişmesi beklenemez. Orada hep körlük, kısıtlılık, yokluk ve pislik hâkim olur. Elbette temizlik ve düzen meselesini de bir takıntıya dönüştürmemek gerekir çünkü bu durumda aksiyle sınanır insan. Hangi noktada aşırıya kaçıyorsak, dengeye gelmemiz için muhakkak aksiyle sınanırız.

Bilincini iyi organize edebiliyor olmalısındır çünkü bilincin yaşamında da cereyan edecektir. Bu açıdan bakıldığında manevi çalışmalarda temizlik bilincinin neden çok önemli olduğunu anlamak mümkün... **Hangi dinden ya da inançtan olursan ol, manevi çalışmalarını yaparken temizlik bilincine sahip olman gerekir, çünkü aynı zamanda yaşamında da cereyan edecek olan bilinci var etmeye başlarsın.**

Bedenen ve ruhen temiz olmaya önem ver. Evin de, zihnin de, gönlün de, dilin de temiz olsun...

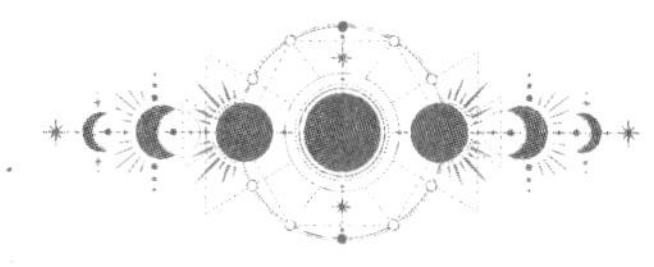

Acı Bilinciyle Kurulmuş Bağları Sonlandırma Çalışması

Kendini rahat hissedeceğin, dilediğin zaman dilediğin kadar yalnız kalabileceğin, rahatsız edilmeyeceğin bir alan belirle evinde. Bu alan senin manevi çalışmalarını gerçekleştireceğin özel ve kutsal mabedin gibi olsun. Öyle kabul et, öyle organize et... Dolayısıyla bu alanın temizliğine özellikle özen göster ve emek harca.

Bu alanı çiçek sularıyla silebilirsin, tozunu alabilirsin. Gül tütsüleri, adaçayı ve tarçın tütsüleri yakabilirsin. Burada loş bir aydınlatma ya da mumlar kullanabilirsin. İnandığın gibi dua etmen için özel dualar vermek istemiyorum bu noktada çünkü herkesin kendini Allah'a en yakın hissettiren özel bir duası vardır zaten. "Bana çok iyi geliyor" dediğin duayı ederek acı bilinciyle kurulmuş bağlarını sonlandırma çalışmasına başlayabilirsin.

Kimi sadece "Allah" demeyi sever, bu kelimeyle kendini ona çok yakın hisseder ve karşılık bulduğuna inanır, kimi besmele çeker, kimi bir Fatiha okur... Bunlar kişinin Yaradan'la kurduğu kendi özel iletişimidir, kimse karışamaz, müdahale edemez. "Benin duam budur" diyerek sahiplendiğin duayı ederek başla...

Arkasından atalarından bu yana acıyla, ağıtlarla, kederle, hüzünle, beddualarla kurduğun eski bağları sonlandırmak için niyet et:

"Allahım senin izninle, senin huzurunda ve senin nurunla niyet ediyorum. Bana bu ağıt kültürü, acı dolu hikâyeler, hangi atamdan kaldıysa şimdi ben bu mirası içine bilinç ve farkındalık ekleyerek senin ışığının rahmetine doğru yolluyorum. Senin rahmetinle koruman altına girmeye niyet ediyorum.

Bu acıları ve ağıtları kimden aldıysam hepsi izninle iptal olunsun. Benim anne soyumdan ve baba soyumdan, atalarımdan, yedi göbek boyunca aldığım tüm acıları, kahırları, beddualarını, ahları, benden ve benim zürriyetimden şimdi şu andan itibaren temizlemene niyet ettim."

* * *

"Her zaman kötü şeylerin beni bulacağına olan inancımı iptal ediyorum. Benim iyi bir aşkı, iyi bir hayatı, sevgiyi, kolaylığı ve güzellikleri hak etmediğim, iyi bir yuvayı, iyi bir evladı hak etmediğim inancını iptal ediyorum."

* * *

"Hiçbir işi başaramayacağım yönünde zihnime ve ruhuma yüklenen bilgileri ve kodlamaları iptal ediyorum."

✡ ✡ ✡

"Bir kadın olarak, kadının dünyada ve toplumumuzda söz hakkının olmadığı, baskı altında ve kısıtlı imkânlarla zorluklara göğüs gererek yaşamak zorunda olduğu inancını ve bilincini iptal ediyorum."

✡ ✡ ✡

"Bir erkek olarak her zaman çok güçlü durmam, hiç ağlamamam, üzülmemem, hiç yorulmamam gerektiği bilincini iptal ediyorum. Ben de insanım. Ben de üzülürüm, ben de düşerim, kalkarım. Bu değerimden hiçbir şey eksiltmez. Bilakis bana daha büyük güç ve motivasyon kazandırır."

Bu niyetleri kaç gün, kaç gece yapmak gerekir?

Ben kendi adıma üç gün enerjisine çok inanırım çünkü her şeyim tez olur. Fakat herkesin süreci kendine özel ve farklı olduğu için "Şu kadar gün bu niyetleri yapmalısın" diye önermemeyi tercih ediyorum. Bunun yerine kendini iyi hissedene kadar niyetlere devam etmeni tavsiye ediyorum.

Her gece yapabilirsin. Acıyla bağların kopana kadar, kendini acıdan ve hüzünden içsel olarak kopmuş hissedene kadar devam edebilirsin.

Ancak her niyet çalışmasından sonra birini sevindirmeyi unutmamalısın. Zira birini sevindirmenin frekansı çok yüksektir. Yaptığın her iyiliği aslında kendine yaparsın. Başkasını sevindirirken, başkasının sorununu çözerken içsel olarak kendinde bir tamirat gerçekleştirirsin. Üstelik başkasına yardım ederek kendini iyileştirirken manevi olarak iyilikle desteklenirsin. Görünmez iyilik orduları, seni bu çabanda yalnız bırakmazlar.

"Dünyanın en kötü, en karanlık insanı" diye tarif ettiğin kişiye bile tatlı dille, sevgiyle, iltifatla, iyilikle gittiğinde onda bir bilinç ve frekans şokuna yol açarsın. Etkilenir, sarsılır, belli etmese de yumuşar.

Dünyanın en zalim insanına "Sen aslında iyi birisin, kalbin temiz, güzelsin, ben senin sayende şunu öğrendim, bunu başardım, hakkını helal et" dediğinde hemen yumuşar, gönlü hoş olur. "Sen harika bir insansın, sen bir meleksin" dediğinde yüreğine iyilik dolar. Senden aldıklarıyla frekansı değişir, kendi de iyilik hali yayar etrafına.

Kötülüğün hazzı ne zaman galip gelir biliyor musun?

Geçici zaferler kazandırdığında...

Karanlık enerjiler, kendilerine kurbanlar bularak beslenirler. Buldukları kurbanlar da kötülüğe devam ettikçe karanlık enerji beslenir. Şeytani inançları olanlar, majiyle (büyüyle) uğraşanlar, pis ve kötü çalışmalar yapanlar, başkalarının kötülüğü için enerji ve zaman harcayanlar içlerindeki kötü ikizlerini yani karinlerini besleyerek ona güç kazandırırlar. Karin konusuna ilerleyen bölümlerde ayrıntılı olarak değiniyor olacağımdan şimdilik burada bırakıyorum.

Acıya olan inancını ve atalarından beri taşıdığın bağlarını sonlandırmak üzere yaptığın iptal çalışmalarından ve gerçekleştirdiğin yardımlardan sonra sıra hayatına dahil edeceğin şeylerin kabulüne gelecek.

Bundan böyle hayatına neyi davet edeceğine karar verip ona "İzin veriyorum" diyerek kapı açma çalışmaları yapman gerekir.

Senin için hazırladığım örnek niyetlerle de başlayabilirsin bu sürece:

"Şimdi Allah'ın huzurunda niyet ederek hayatıma neşenin ve coşkunun akmasına niyet ediyorum. İyiliklerin beni bulacağına inanmayı seçiyorum. İyi şeyler beni bulur, ben de iyi şeyleri kolaylıkla bulurum."

* * *

"Sen bana bir yol açtın ve kimseyi ayırt etmedin, senin rahmetine girmenin, senin korumana girmenin tek koşulu senin rahmetini ve korumanı kabul etmektir. Ben de senin koruma ışığını ve sonsuz rahmetini kabul ediyorum."

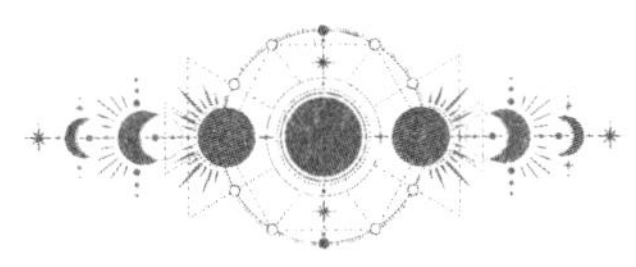

Güven Duygusu ve Korunma Sağlamak için Yapılabilecek Güçlü ve Etkili Çalışmalar

İnsan güven duygusu olmadan yaşayamaz. Temel bir ihtiyaçtır güven duygusu... Güvensizlik içindeki insan anksiyete içindedir. Kontrolsüzce artan korku ve kaygıları tarafından esir alınmıştır. Doğru kararlar alıp uygulaması, sağlıklı seçimler yapması beklenemez kendisinden. Korktukça daha güvensiz hisseder, kaygıları arttıkça daha fazla hata yapar, daha fazla tehlikenin içine sürüklenir. Bu süreç onu hayattan koparır, yaşamla bağ geliştiremez ya da elindekiler de kopar gider.

Anne karnından sonra anne kucağında deneyimlediğimiz, öğrendiğimiz ilk duygulardan biridir güven duygusu... Yaşamla sağlıklı bir ilişki kurmak için muhtaç olduğumuz temel yapıtaşlarından biridir.

Bebekler güven duygusu olmadan sağlıklı büyüyüp gelişemez, yaşamla sağlıklı bağlar kuramazlar. Hamilelik sürecinde bile güvensizlik hisseden bebekler, doğduklarından itibaren bunun sancılarını deneyimlerler. Bağlanma sorunları yaşarlar, bağımlılıklar geliştirirler. Güven duygusundan yoksun bireyler yapıcı, geliştirici, bütünleştirici ve sürdürülebilir bir yaşam inşa etmekte çoğunlukla çok zorlanırlar.

Elbette güvenli bir rahimden sonra annelerimizin güvenli kucaklarında güzel bir bebeklik süreci geçirmiş olmamıza rağmen hayat içindeki yolculuğumuz boyunca güven duygumuz, başımıza gelenlerle sarsılabilir. Ailelerimiz yıkılabilir, dağılabilir, sevdiklerimizi kaybetmiş olabiliriz, sorunlu hayatlar yaşamış olabiliriz. Güven duygumuz sarsılabilir ve kaybettiğimiz güveni yerine koymak için kendimiz çabalamak zorunda kalabiliriz. Güven duyacağımız başka şeyler inşa etmeye çalışırız. Kendimize güvenmeyi öğreniriz belki...

Güven duygumuz eksilerek ve sarsılarak büyümeye ve yaşamaya devam ediyorsak bile, yine bir ananın kollarına koşma ihtiyacı duyarız içimizde.

Doğa ana...

Güven ve korunma duygusunu yeniden var etmek ve deneyimlemek için doğa anayla kucaklaşmak gerekir. Bizim mayamız doğadır, topraktır. Bitkiler ve ağaçlar da kardeşlerimizdir.

"Kendimi güvende hissetmiyorum, korunaklı bir alanda olmadığıma inanıyorum" dediğinde doğa anaya koş. Toprak nihai sonumuzdur aynı zamanda. Huzurla geçişimize aracılık edecek olan güçtür, merhametli ve hoşgörülü bir elementtir.

Doğayla temas içindeyken soru sorup cevap bekleyebilirsin. Allah sorduğun her sorunun cevabını sana ulaştırır.

"Kendimi nasıl daha güvende hissedebilirim, kendimi güvende ve koruma altında olduğum bir hayata nasıl başlayabilirim, bunun için neler yapmam gerekir?"

Merak Duygusu, Yaratıcı Bir Enerjidir

Hangi soruların cevaplarını merak ettiğine dikkat et, çünkü sorduğun her sorunun cevabını yaşaman an meselesi...

Nasıl olduğunu merak ettiğin her şeyi yaşarsın!

Merak duygusu, üzerinde pek durmadığımız ama aslında yaşamlarımızın yönünü belirlerken farkında bile olmadan güçlü ve etkili şekilde kullandığımız bir duygudur.

Allah insana bilmediği şeyleri öğretir. Merak ettiğin her şeyle seni sınar. Sorduğun soruların cevabını senden esirgemez. Bu yüzden neye merak duyduğuna dikkat et. Çünkü karşına mutlaka çıkar. Sıklıkla sorduğun soruların cevaplarını yaşamaya başlarsın, hepsi tek tek başına gelir.

"Bu adam beni neden aldatsın ki?" diye merak edersin, sorarsın mesela... O adamın seni neden aldatacağının cevabını da alırsın tabii ki, bu deneyimi yaşayarak, seni neden aldatacağını öğrenmiş olursun. Allah merak ettiğini ve öğrenmek istediğini sana muhakkak verir.

"Daha kötü ne olabilir ki?" dersin, öğrenirsin. "Demek daha kötüsü dc olabilirmiş" diyerek alırsın sorduğun sorunun cevabını.

Sadece kendin üzerinden değil, başkaları üzerinden merak edip sorduğun sorular da yaşamında gerçeklik bulur.

"Bu insan bu acıları nasıl göğüslüyor, bütün bunlara nasıl katlanıyor?" diye merak ettiğinde de, aynı acıları yaşayarak anlamış olursun o insanın acılara nasıl göğüs gerdiğini.

"Neden bütün aksilikler bu insanın başına geliyor, halbuki ne kadar iyi biri, ne kadar merhametli, bunu hak edecek ne yapmış olabilir ki?"

Bu sorunun da bir cevabı vardır muhakkak Allah katında. Ben bilemem ama merak edip soruyu soranın cevabını alacağı kesindir. Çünkü Allah bilmediğini, sorup öğrenmek istediğini, merak ettiğini sana öğretir. O öğretendir. Öğretenlerin en hayırlısıdır.

Dolayısıyla hayırlı olana, iyiliklere, güzelliklere merak salmak ve bunların nasıl cereyan edebileceğiyle ilgili sorular sorup cevaplar aramak gerekir. Bu yüzden yine temiz düşünen bir zihne, temiz hisseden bir kalbe, temiz konuşan bir dile, bilince sahip olmamız gerekir değil mi?

Çünkü zihnimiz, kalbimiz, dilimiz ve bilincimiz kirliyse, karanlıksa, kötüyse elbette merak edip sorduğumuz ve cevabını alacağımız sorular da kirli, karanlık ve kötü oluyor.

"Bu insan bu kadar şanslı olmak için ne yapmış olabilir, nasıl bu kadar bolluk, bereket ve rahatlık içinde yaşayabilir ki, aldatmayı, kandırmayı, ikna etmeyi çok iyi biliyor belli ki..."

Bolluk ve bereket içindeki bir hayatı merak ederken bile içinde hile, aldatma, kandırma ve manipülasyon olduğunu düşünen bir zihin, elbette sorduğu soruya bunlara kapı açarak bir cevap bulacaktır. Aldatmayı, kandırmayı, manipülasyonu yaşayacaktır. Şansı, bolluğu ve bereketi yarattığını sanacaktır ama kendi de yanılacak, aldanacak ve kandırılacaktır.

Bu yüzden zihnin, kalbin, dilin ve bilincin temizliği çok önemli. Bütün bunlarla odağını belirler ve odaklanıp merak ettiğin yaşantıların cevaplarını ararsın. İyilikle, temizlikle odaklan... İyilikle ve temizlikle merak et...

Ayrıca "Yapamam, kaldıramam, katlanamam, yaşayamam, böyle olsun istemem, öyle olursa ben ölürüm" dediğinde de ortaya bir niyet koyarsın, bir yol açarsın ve o yol da sana bir deneyim sunar.

Yapamayacağına niyet ederek, yapmak zorunda kalırsın. Katlanamayacağına niyet ederek, katlanmak zorunda kalırsın.

Dilinden dökülen kelimelere, zihninden geçen sorulara, kalbindeki merak duygusuna dikkat et.

Kelimelerini, merakını ve sorularını iyi yöneten, kontrol eden insan hayatının hâkimi olur. Başına geleni yaşamaz, başına ne geleceğini bilir, çünkü başına gelenin kendisinin sorularının, kelimelerinin ve merakının bir sonucu olduğunun fakındadır.

Benim çok hatalarım olmuştur merakımla, sorularımla ve kelimelerimle ilgili... Evet doğrusunun ne olduğunu, nasıl olması gerektiğini iyi bilirim ama buna rağmen ağzımdan çıkana engel olamadığım, nefsimin devreye girdiği ve beni üzeceğinden emin olduğum soruların cevaplarını merak etme hatasına hiç düşmediğimi söyleyemem. Hepsinin cevabını acı acı almışımdır, öğrenmişimdir. Öfkeme yenilip sorduğum soruların cevaplarıyla karşı karşıya kalmışımdır.

Eskiler "Elin çocuğunu kınama, aynısı başına gelmesin" derler ya, onlar kadim geleneklerden taşınarak gelmiş bilgileri aktarırlar aslında bize. Her birini sıradan atasözleri diye karşıladığımızdan ne dediklerini anlamak bile istemeyiz. Hayatımızda artık hiçbir karşılığının olmadığını düşünürüz. Basit, sıradan, lüzumsuz sözler gibi çıkarlar karşımıza, kulağımıza takılmazlar bile.

Aslında kınadığımız başımıza gelmez, o konulara merak duyduğumuz, orada fikir ve yorum geliştirdiğimiz için farkında olmadan niyet kapıları açarız. Üzerinde düşündüğümüz, fikir yürüttüğümüz konuları yaşamaya gönüllü oluruz.

"Komşunun kızı yalancı, hoppa, insan kullanan, kendini başka türlü gösterip milleti kandıran biri olduğu için şimdi bu kadar zengin, bu kadar şanslı, bu kadar takipçisi var. Biz öyle olamadığımız için onun yaşadığı rahat hayatı yaşayamıyoruz."

Buradaki kınama, buradaki konulara merak ve soru geliştirdiği için hepsine niyet kapıları açtırır. Hepsini yaşamak zorunda bırakır. Merak ederek, anlamaya çalışarak, soru sorarak hepsini yaşamaya gönüllü olmuş oluruz. O kızın bütün bunları nasıl yapabildiğini anlamaya çalışırız, merak ederiz. Kendimizi cevabını aradığımız bir yolda yolculuk ederken buluruz sonra.

Nasıl dua etmeliyim?

Dua etmenin gücünü kimse yadsıyamaz. İnsan duasını yaşar ama sadece elini açıp ettiği dualar değil, farkında olmadan yaptığı konuşmalar da dua gibidir. Dilinden düşürmediği yakarışlar, sitemler, şikâyetler de dua yerine geçer.

"Keşke ölseydim, keşke gitseydim, keşke sevmeseydim..." gibi yakarışlar çok daha beterdir. Bir de kınamalar var tabii ki...

İnsana kınadığıyla ilgili bir deneyim yaratılır. Sözlerimiz, dualarımızdır, niyetlerimizdir çünkü...

İnsanın insanı kınaması "Allahım aynı deneyimden ben de istiyorum" demektir. Bu yüzden "Kınadığın şey başına gelir" derler.

Bir de büyük konuşmalar var... "Asla, hayatta, aman aman, kesinlikle!" diye başlayan cümleler de deneyime dönüşürler.

Büyük konuştuğun lafı mutlaka yutarsın. "Seninle olmak mı asla!" dediği insanın dizlerine kapananları çok görmüşümdür.

Büyük konuştuğunda ya da kınadığında Allah'ın Vedud, Hayy ve Kebir isimlerinin hukukunu bozarsın.

Esmaların hukuku nasıl bozulur?

Esmaların çok kıymetli ve hikmetli işleyişini görmezden gelerek, rasgele kötülük etmek, düşüncesizce konuşmak ve davranmak esmaların hukukunu bozar. "Keşke doğmasaydım" dediğinde

"Hayy ve Halik" isimlerinin işleyiş hukukunu incitirsin, oysa yaratım ve doğum ne kadar büyüleyicidir.

Canlılardan söz ederken "Sevmiyorum, nefret ediyorum!" dediğinde hem Hayy, hem Halik hem de Vedud isimlerinin hukukunu incitirsin. Seninle bu dünyayı paylaşan başka canları nefretle anmak ya da sevmediğini ifade etmek işleyişten duyduğun memnuniyetsizliğin ifadesidir. Bu memnuniyetsizlikleri hayatında çığ gibi büyütenler, Yaratıcının yaratım inceliklerine kör baktığından haberdar olsaydı, hangi zarif ruhları nasıl incittiğini bilseydi eminim tavrını derhal değiştirirdi.

Büyüklenme, kibir ya da ötekileştirme, insanı trajikomik durumlara düşürür. Kader yolunda güvenle ilerliyorken yapacağın bu hatalar, gereksiz yere tali yollara sapmana neden olur, vakit kaybettirir. Kaderde olasılıklar vardır, iyi olasılıkları ancak iyi ahlaklı olanlar ve konuşmalarına dikkat edenler kendilerine çekerler.

"Niye benim talihim kötü?" diyenler sıkça odaklandıkları düşüncelere ve yine sıkça tekrar ettikleri dualara baksınlar. Bir sürü kınamayla, keşkelerle, büyüklenmeyle, özgüvensizlikle dolu olduklarını fark edeceklerdir.

Sürekli dinlediğin şarkılara bak, olumsuz cümlelerin üst üste ne çok tekrarlandığını fark et. Şarkılar açısından da iyi bir detoks yapmak, harika bir temizlenme sağlayacaktır. Düşüncelerini ve dilini kontrol edebilen her şeyin sahibi olur. **Allah vermek dilemese dilemek vermezdi.** "Her istediğimi vermez alamam" diyen O'nun gücünden ve cömertliğinden şüpheye kapılanlardır. Evrensel yasaların işleyişinde akışta sık sık tekrar ettiğimiz cümlelerin kaderimize dönüşmesi yasasını unutmamak gerekir. Ne düşündüğüne kendin hakkında ne konuştuğuna dikkat et.

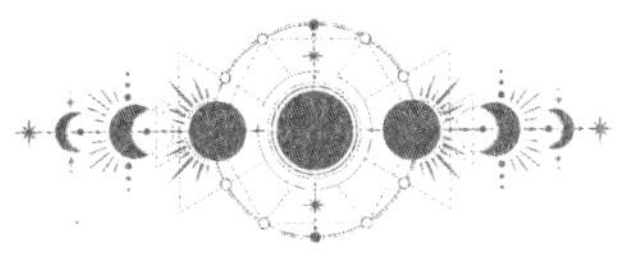

Kötü İkiz Karin

İnsanlar melek değillerdir. İyi ve kötü enerjileri barındırabilme ve kullanabilme potansiyeline sahip varlıklardır. Melekler saf iyilik enerjisidir. Kötü ya da olumsuz hiçbir şeyden iğne ucu kadar bile ihtiva etmedikleri tarif edilir kutsal kitaplarda.

Karin ise bize eşlik eden kötü ikizimizdir. Şeytani bir enerjidir. Arapçada da "sürekli arkadaş" anlamına gelir. İnsanın ruhani bir kopyasıdır ancak kötüdür. İnsana her an eşlik etmekte olan kendi kötücül kopyası...

Kuran-ı Kerim'de bazı ayetlerde karinden söz edilmektedir:

"Mallarını, Allah'a ve ahiret gününe inanmayıp, insanlara gösteriş için harcayan kimseler. Kime şeytan bir karin ise, işte o, ne kötü bir karindir."

– Nisa Suresi

"Kim Rahman'ı anmaktan yüz çevirirse, biz ona bir şeytan atarız ki artık o arkadaş (karin) olur ona."

– Zuhruf Suresi

Karin, insanın kendi ruhsal kopyası olduğu için kişinin bütün potansiyellerine sahiptir. Onun kadar zeki, onun kadar güçlü, onun kadar her şeydir. Yani kişinin kendinden ne daha zayıf, ne daha güçlü... Dolayısıyla aslında yenemeyeceği bir güçle karşı karşıyadır. Çünkü insan kendi zekâsını alt edemez, kendi potansiyelini alt edemez. Kendi neyse karin de odur, o kadardır. Dolayısıyla buradaki mesele bir güçle savaşmak ya da onu yenmek meselesi değildir, onu seçip seçmemek meselesidir. Hangi yönünü beslemeye karar verdiğin meselesidir.

Bir karinin var. Onu yok sayamazsın... Sana her an eşlik etmekte olan, sürekli arkadaşlık eden, seninle her an kesintisiz şekilde konuşan kötü bir ikize sahipsin... Sen var olduğun sürece o da var olacak. Bütün iş sen onu dinleyecek misin, onu haklı bulacak mısın, onun şeytani fikirlerine ve zekâsına pirim verecek misin?

"Ben içimdeki kötülüğü beslemiyorum, içimdeki iyiliğe yatırım yapmayı tercih ediyorum" diyecektir çoğu insan ama bu her zaman o kadar da kolay olmuyor. Karin, öyle anlarda hatırlatıyor ki gücünü ve varlığını bazen karşı koymakta zorlanıyor insan.

Kötülük bazen çok tatlı gelebiliyor.

Sosyal medyada neler olup bittiğine bakmak bile çok yeterli insanların karinlerini nasıl dinlediklerini anlamak için.

"O benim sevgilimi elimden aldı, ben de onun işini batırdım çünkü bunu hak etti."

"Beni en yakın arkadaşımla aldatınca ben de gidip onun en yakın arkadaşıyla birlikte oldum, ödeştik."

"O benim işimi baltaladığı için ben de onun bütün kirli çamaşırlarını ortaya döktüm."

Bunların hepsi, karinin eseri eylemlerdir. Göze göz dişe diş, intikam, komplo, ihanet, yalan, manipülasyon...

Aslında olan bitene biraz dışarıdan baktığımızda insan ilişkilerimizi çoğunlukla karin yönetiyor gibi değil mi?

Karine karşı koymak çok da kolay değil çünkü biz neysek o da o olduğu için kendimizi alt edemiyoruz kendi zekâmızla, karşımıza dikilmiş olan kendi zekâmızı yenemiyoruz. Burada yapmamız gereken karini yok etmek olamaz, çünkü karin zaten yok olmaz, o zaten biziz... Yapabileceğimiz tek şey, karinin telkinlerini kabul etmemek olabilir.

Evet canımız çok yandığı için intikam arzulayabiliriz ama seçmemeyi tercih edebiliriz. Aldatmayı düşünebiliriz ama aldatmamayı tercih edebiliriz. Zarar vermeyi düşünebiliriz ama zarar vermemeyi tercih edebiliriz. Karin susmaz. Şeytani telkinlerine devam eder, kendi zekâmız düzeyinde şahane komplolar kurar, taktikler verir ama bu telkinleri kabul etmemeyi tercih edebiliriz. Çünkü karin kadar güçlü bir yönümüz daha vardır. Aydınlık tarafımız... İyilik tarafımız... Sağduyumuz...

Şeytani enerjimiz ne kadar varsa, karşısında da meleksi enerjimiz aynı güçle durur. O da telkinler verir bize. Aydınlık yönümüz merhameti, sağduyuyu, affetmeyi, ilahi adaleti telkin verirken biz ille intikam ve ihanet diye bastıran karini seçiyorsak bu şeytani yönümüzü besler. Karin beslendikçe semirir, semirdikçe güçlenir, hayatımızda söz sahibi olmaya başlar.

Yaşamında karini söz sahibi olan insanların, mutluluk ve güven içinde tatmin bulmuş bir hayat yaşaması mümkün değildir.

Zarar veren bağımlılıklara esir düşmüş insanlarda da karin hep galip gelmiştir. Her ne kadar bu bağımlılıklar zevk veriyor gibi görünse de onlar karini dinlemeyi tercih etmişlerdir. Bağımlıkların her türlüsünü kastediyorum tabii ki. Uyuşturucu, alkol, internet, sosyal medya, kumar, seks, yemek vs... Karini tarafından ele geçirilen kişi bir sabah uyandığında "Başka türlüsü olmaz ki, başka türlü yapamam ki ben!" der ve bunu yeni bir düzen olarak kabul eder.

Evet, karin insanı daha hızlı tatmin eder. Daha fazla haz verir, doyurur, iyi hissettirir. Alkol aldığında hemen daha iyi hissettirir, seksle hemen daha iyi hissettirir, uyuşturucuyla, yemekle, internetle hemen daha iyi hissettirir, intikam aldırarak hemen tatmin eder, kötülük yaptırarak hemen sonuç aldırır ve zafer duygusu yaşatır sana... Ancak bu çok kısa sürelidir. Anlık zaferlerle haz duygusu yaşatır fakat devamı gelmez. Devamı yine aynı kötülüğü yapmamıza, aynı zaafı göstermemize bağlıdır. Aydınlık yönümüz bu kadar hızlı bir doyum vaat etmez. Ama uzun vadede eşsiz, huzurlu, sağlıklı ve tatmin bulmuş bir yaşam sürmemizi sağlar. Karinde mutlu bir yaşam yoktur, mutlu anlar vardır sadece...

Geçtiğimiz aylarda diyete başlamıştım ve disiplinli bir diyetin sonunda on kilo vermeyi başarmıştım. Bu elbette çok iyi hissettirmişti bana. Fakat bir gece içimden bir ses yükseldi. "Sağlam bir atıştırmayı hak ediyorsun Mine" dedi. Karinin sesiydi bu ama fark edemedim tabii... Önce "Olmaz..." diye düşündüm. "Onca emeğim boşa mı gitsin?" Ama dediğim gibi karin insanın bire bir kopyasıdır... Senin zekândan aşağıda değildir, zaaflarını bilir, kim olduğunu bilir, nasıl ikna edilebileceğini bilir. Çünkü zaten sensindir o.

"Bu gece kek yesem ne olacak ki?" deyip yedim. Zaten on kilo verdiğim için öyle ince hesaplar da yapmadım, dilediğim kadar yedim. İnanılmaz iyi hissettim kendimi. İnsanın çok sevdiği yiyecekleri yerken kalori hesapları yapmaması ve dilediği kadar yiyebilme özgürlüğüne sahip olması ne kadar büyük bir haz veriyormuş meğer... Müthiş bir duyguydu bu anlatamam...

Ertesi akşam aynı hazzı bir daha yaşamak istedim. Neden korkacaktım ki, sonuçta on kilo vermeyi başarmış bir insandım. Yine dilediğim kadar yedim. Ertesi akşam yine... Ertesi akşam yine... Sonra baktım ki aynı hazzı almıyorum artık. O müthiş zevke ulaşamıyorum. Üstelik verdiğim kiloları da geri almışım...

Ölüm sırasında gelen karin

23 yaşında beyin damarlarım tıkanmıştı. Ramazan ayıydı ve bayrama bir hafta vardı. Sahur vaktinde oruca niyet edeceğim sırada bir sahur programı izliyordum. Tebareke Suresi anlatılıyordu. Ben de merak edip sureyi açtım. "Can boğaza gelip dayandığında, eller ayaklar birbirine dolandığında, onu kim geri getirebilir?" diye bir meal okudum ve çok etkilendim. Durup dururken ağlamaya başladım. Namaz kılıp suyumu içecektim artık. Namaz sırasında secdeye giderken beynime bir şey saplandı. Sol tarafımda korkunç bir acı vardı. Tarifsiz bir ağrı... Kilitlendim. Secdeye gidemedim.

Ailemi arayıp beni hastaneye götürmelerini istedim. Kendim yapamayacaktım, birlikte hastaneye gittik. Hastanede MR cihazı olmadığı için başka hastaneye gitmek zorunda kaldık. Bu sırada bana migren tedavisi uygulandı. Meğer o sırada beyin damarım tıkanıyormuş. Diğer hastanede imzalamam için birtakım evraklar getirdiler ama elimi bile kaldıramadım. Parmağım kımıldamıyordu. Parmağımın sahibi bile ben değilmişim. Çok kötü hissettim. "Beyin kanaması geçiriyor!" diye seslendi yanımdaki görevliler. Yoğun bakıma alındım. Yoğun bakımda yanıma kimseyi almıyorlardı. Dua etmeye çalışıyordum kendi kendime ama edemiyordum. Tavanda su yeşili bir alan açıldığını fark ettim sonra, gökyüzü mü yoksa su mu görüyordum emin değildim. Tatlı bir serinlik geliyordu, çok güzel bir ferahlama duydum içimde. Dünyadan ayrılacağımı düşündüm. "Kurtar beni" bile demedim. Esenlik duymuştum.

Vefat edenlerle ilgili ölmeden evvel en son kimi ya da kimleri düşündüğü çok merak edilir ya "Çocuklarını mı düşündü, sevdiğini mi düşündü, gözleri arkada mı kaldı?" diye...

Bu deneyimin içinden geçmiş bir insan olarak şunu söyleyebilirim ki o an bunların hiçbirini düşünmüyorsun. Sadece o anın içinde duruyorsun. Yaklaştıkça daha büyük bir ferahlık geliyor. "Allah beni de sevdiklerimi de korur" serinliği ve rahatlığı yaşıyordum o sırada.

Bu deneyimin içinden geçerken çocuklarını, sevdiğini, kocasını düşündüklerini söyleyenler ölümle burun buruna gelmemişlerdir henüz, çünkü teslimiyet ve huzur içinde olursun ölüme yaklaştığında. Kötü ruhlar bile her şeyin bir sahibi olduğunu bilir ve kendilerini teslim ederler. Aklıma kimse gelmedi o an. Teslim olmuştum, ferahtım.

Sonra bir ses duydum... "Çok boş bir hayat yaşadın" dedi. "Her şeyin yarım kaldı."

Biri içeri girip oturdu sanki ama ablamı bile almıyorlardı yanıma. Bu gelen kim olabilirdi ki?

"Ona iyilik yapayım buna iyilik yapayım dedin, Allah dedin, günah dedin de ne oldu bak? Allah'a inanmayanların hepsi dışarıda geziyorlar, eğleniyorlar" dedi. Karinin sesi olduğunu anlamadım o an... Telkinlerini kabul ettim, haklı buldum onu.

İyi insan olacağım diye çabalarken 23 yaşında ölüyordum, dışarıdaki yaşıtlarım sefasını sürüyordu hayatın. Kendilerini mutlu etmek dışında bir şey düşünmüyorlardı. Böyle düşününce hüzünlendim. Kötü oldum. Sonra bu telkinleri kabul etmemeye karar verdim. Neden yaptım, nasıl yaptım bilmiyorum. "Yanılıyorsun!" dedim. "Allah var. Yaşadığım tek bir an bile boşa değildi. Ne yaptımsa iyi biri olmak için yaptım. Takdir O'nundur."

Ses sustu birden, tek cümle bile kurmadı. Savunma yapmasını bekledim ama yapmadı. Elbisesinin hışırtısını bile hatırlıyorum, yavaşça yerinden kalktı ve gitti.

O gün ablama haber verilmiş, vefat edeceğim için çağrılmış ama ölmedim. Kimileri gördüklerimi halüsinasyon diye değerlendirebilir, kimileri "Gidip gelmişsin" diyebilir. Ne olduğu, nasıl açıklanabileceği üzerinde durmuyorum. Olanı olduğu gibi aktardım sadece... O günden sonra iyiye ve güzele adadım kendimi. Ne olursa olsun iyiye inanırım, coşkuya inanırım, sevgiye inanırım. Kahveyi bile neşeyle, şükürle içerim...

Demem o ki, karin yenmek zorunda olduğumuz bir düşman değil, fark edip uzak durmayı tercih etmemiz gereken sınavımız bizim. O da tıpkı iyi tarafımız, sağduyumuz gibi her an hep yanımızda olacak ve telkinlerde bulunmaya devam edecek. Ölüm sırasında bile bir seçim yapmaya zorlayacak. Yaptığımız bu seçime göre dünyadan göçerken bile olumsuz bir inanışla göç etmemize çalışacak.

Bu sınavı verebilmek şart. Bu sınavdan kaçamayız ama sağduyumuzu beslemeye devam edebiliriz. Seçimlerimizi sağduyumuzdan yana yapabiliriz. Kısa süreli hazlardan ziyade uzun vadeli bir iyilik yatırımını tercih edebiliriz.

Kötü yanımızı kınayıp inkâr ederek değil isteklerini anlayarak, bu isteklerin esiri olmadan her şeyi dengeleyerek yol almak zorundayız. İnsan kötü huylarla da bezenmiştir, önemli olan bu duygularının farkında olabilmesidir ve bir denge oluşturabilmesidir. Zehir bile olsa azı yarar, şifa bile olsa çoğu zarar derler. Kendimizi baskılamadan, duygularımızı ve arzularımızı inkâr etmeden olanı olduğu gibi anlamalı, hepsinin farkında olmalı ve bastırdığımız duyguların esiri olmak yerine onlara hükmetmeyi başarmalıyız. İçimizden olmadık birine bir arzu hissettiğimizde "Hayır!" diyerek inkâr etmek yerine "Evet ona çekim hissettim ama o uygun değil, bu beni zora sokar, irademle bu durumun üstesinden gelmeliyim. O da normal bir insan, onda neyi çekici buluyorum, bunun gerçek sebebi ne?" demeliyiz. Halâ çözemiyorsak destek almalıyız ama kurtulmanın yolu asla inkâr etmek ve yok saymak değildir. Yok saymak yerine farkında ol ki esiri olmayasın. Kendini bile yadırgayıp kınama... Yadırgadığın her şey sınavın olur.

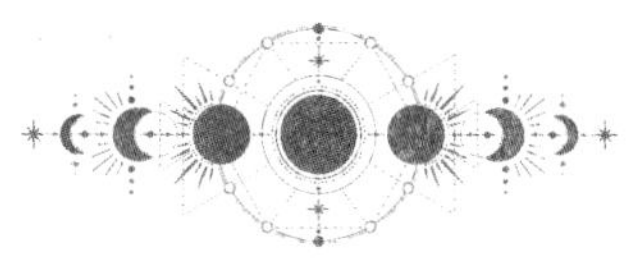

İstemek Değil, Bürünmek

İnsanların çoğu eminim gerçekleşmesini istedikleri niyetleri/dilekleri samimiyetle ve gerçekten derin bir tutkuyla arzu ediyorlardır. Dışarıdan bakıldığında aslında her birinin o çok istediği şeye ulaşması an meselesiymiş gibi görünüyor. Ama sonuçlar çok da öyle olmuyor değil mi? Günün sonunda kimi çok istediği şeyi hayatına çekebilmiştir, kimi çekememiştir.

Neden?

Sence biri daha çok istiyor, diğeri daha mı az?

Tabii ki hayır... Hepsi içten bir tutkuyla ve arzuyla istiyorlar nihayetinde.

Peki sence sonuç neden aynı değil o zaman? Neden biri çok istediği şeyi hayatında var edebilirken, diğeri bunu yapamıyor?

Aralarındaki fark tutkularından ya da arzularından kaynaklanmıyor, farkı yaratan yaklaşımları... Kimi çok istediği şey için emek veriyor, kimi kolay bir yola saparak ve kötü enerjilerle muhatap olarak, hiç emek vermeden, eyleme geçmeden sahip olmak istiyor. **Bir şeyi tutkuyla ve arzuyla çok istiyor olmak, tek başına yeterli değildir. İstediğin (davet ettiğin) şeyin enerjisine bürünmek de gerekir. Çok isteğin şeyle aynı frekansta titreşip, benzer frekansları yayıyor olabilmelisindir.**

Buradaki büyük sır, çok istemek değil, gerçekten istemek ve istediğin şeyin enerjisine bürünmektir.

Yaşamında bir gül bahçesi var etmek istiyorsan, kötü kokuların içinde ilerlerken yapamazsın... Kendin de gül gibi kokmalısın, gül gibi kokmaya niyet etmelisin. Neye çok benziyorsan, neyle çok muhatap oluyorsan ona dönüşür, onu çeker, ona çekilirsin.

Çekim yasasının en yanlış anlaşıldığı nokta da burasıdır zaten... **İnsan neyi çok istiyorsa onunla karşılaşacağını, hayatına da onu çekeceğini zannediyor. Oysa çekim yasası neye benziyorsak onu hayatımızda var edeceğimiz gerçeğidir.**

Bir şeyi çok istiyorsan eğer, dünya tarihinin en eski uygulamacılarından bu yana yapılagelmekte olanı yapmak gerekir. Bu en etkili ve en gerçek yoldur. Bütün semavi dinlerin ya da mitolojik dinlerin ve çalışmaların kökenine indiğimizde o en etkili ve gerçek ortak yolun ne olduğunu görürüz zaten:

Tekrar etmek.

Semavi dinlerde de, mitolojik dinlerde de, paganlardan günümüze dek karşılık bulmuş inanç sistemlerinde de bir duayı ya da ibadeti tekrar etmenin ne kadar önemli ve etkili olduğu gerçeğiyle karşılaşırız.

Bu yüzden, eğer bir şeyin gerçekleşmesini çok istiyorsan, bununla ilgili bir tekrar da oluşturman gerekir, bir rutin yakalayabilmen gerekir.

Ritüel dediğimiz şey de tam olarak tekrarlamanın önemi ve zaruriyeti üzerinden gelir. İstediğin şeyin enerjisine bürünmek için buna göre giyinir, kokunu buna göre seçer, ışığını yakar, ortamını oluşturursun. Bir niyeti tekrarlamak, tekrarlarken o niyetin enerjisine bürünmek, hatta bir noktada o olmak gerekir. **Tekrarlamak, süreklilik ve sebat; çok istediğin şeyin gerçekleşmesi yolunda seni onunla aynı frekansta buluşturacak**

olan eylemler silsilesidir. Ritüelin içindeki her eylem, her davranış, her ses, her ışık ve her koku, seninle, o çok istediğin şeyin enerjisini eşitlemek, buluşturmak içindir. Onun enerjisine bürünmeni sağlamak içindir. Bunu yapabiliyor olmak için ille çok özel malzemelere ihtiyacın yok. İyi bir enerjiyle, istediğini (niyetini) tekrar ederek, güzel kokular kullanarak, temiz kıyafetini giyinerek, temiz bir bedenle, mumlarını yakarak ya da özel ışığını oluşturarak, niyetini bir düzen içinde tekrarlıyor olman, süreci ritüelleştirmen ve istikrar göstermen, isteğinin gerçekleşmesini sağlar.

Ritüeller çoğunlukla majiyle (büyüyle) ilişkilendirilse de bu doğru değildir. Elbette majide de tekrar etmenin önemli bir yeri olabilir, ancak ritüel, maji değildir, tekrarlamadır. Bir düğün, bir çocuk kutlaması, bir dilek, bir niyet için bir araya gelmek, belli kurallar eşliğinde ve belli rutinler içinde kutsamayı tekrarlamak ve uygulamalarını yapmak diye de tarif edebiliriz ritüelleri. İstediğin şeyin enerjisine bürünmeni destekleyecek temiz kıyafetler, kokular, davranışlar, sesler ve ruh hali yakalamak için mumlar da yakılır ritüellerde. **Mum, ritüellerde ateş elementidir. Başlatma ve eyleme geçme enerjisidir. Hareket aldırır, yola çıkartır, oldurma sürecini başlatır.**

İslam dininde de kandillerin yanması, hatta kandil gecelerinde kandil sayısının artırılması ruhumuzda ışıkların yanması anlamına gelir. Eskiden insanlar kandil gecelerinde ellerinde kandillerle sokaklarda gezerlermiş. Işık, her zaman ihtiyaç duyduğumuz kutsal kabul edilen, güzel bir enerjidir.

Çok eski uygulayıcı üstatlar ritüellerin önemi üzerine şunu söylerler:

Her sabah erken saatte kalkarak bir çalıyı sağdan sola süpürge gibi sürüdüğünde ve bunu tekrarlamaya devam ettiğinde bile istediğin şey senin olur. Önemli olan, istediğin

şeye ve bu uğurda yaptığın şeye, yani ritüele odaklanmandır. Özen göstermendir. Belli aralıklarla ritüelini tekrarlamandır, istikrar ve süreklilik göstermendir. Böylece istediğin şeyin enerjisine bürünmen, hatta istediğin şeyin kendisi olman, onun artık gerçekleşmesi demektir.

Dinlerdeki ibadetler de bu açıdan bakıldığında çok önemlidir ve yerine getirilmelidir. İbadet eden insanların, etmeyenlerden kendilerini çok daha mutlu, huzurlu ve iyi hissettiklerini kanıtlayan sayısız sosyal araştırma var.

İnandığın dinin kurallarını yerine getirdiğinde kendini daha iyi hissedersin. Çünkü o dinin ibadetinde bir istikrar ve süreklilik vardır. Kurallar vardır. **Tıpkı başlatma enerjisi olan ateş elementini harekete geçiren mumlar gibi, hava elementiyle aktive olan koku duyusu da ritüeller sırasında seçilen doğru kokular sayesinde kuş tüyleri, yelpazeler, bizi ihtiyacımız olan frekansa taşır, bürünmek istediğimiz enerjiye ulaşmamıza destek olur. Kokular da ritüellerin ayrılmaz parçalarıdır bu yüzden. Mum ne kadar önemliyse, tütsüler de o kadar önemlidir. Kokular his yaratır, frekans oluşturur ve ulaşmak istediğimiz frekansa taşır bizi. En kıymetli destekçilerimizdendir, çünkü havaya karışır ve koku duyumuzu harekete geçirir.**

Hangi dine inanıyorsan, gereklerini yerine getir, sana söylediği ritüelleri uygula. Her dinin kendine özel ritüelleri vardır. Eğer insan, inancının ritüellerini yerine getirirse daha mutlu ve huzurlu hisseder. Ritüellerdeki tekrar ve istikrar, içsel olarak bir güvenlik alanı oluşturur, enerjin ve frekansın da bu güvenli alanda gelişim gösterir.

Dinlerde farz olarak altı çizilmiyor olsa da aslında insana farz olan davranışlar ve eylemler vardır ki bunlar da isteklerimizin gerçekleşmesi yolunda frekansımızı her zaman güçlü ve yüksek tutar. Doğaya iyi davranmak, insana iyi davranmak, hayvana iyi davranmak, merhametli olmak, yardım etmek, büyükleri saymak, küçükleri sevmek, yardımsever olmak, sadaka vermek, ihtiyaç sahiplerini gözetmek... Bunlar çok güçlü enerjiler, çok büyük desteklerdir, kâinatla kurulan en güçlü ve en tesirli bağlardır.

İyi bir insan olmak için iyiliklerle anılmak lazımdır. Fakirlerin koruyucusu, hayvanların sevgilisi, yardıma ihtiyacı olanların duasını alan insan olmak güçlü enerjileri çalıştırır, kâinatla güçlü bağlar kurulmasını sağlar, ritüellerin etkisini artırır.

Tekrarlamak ve ritüelleştirmek kadar süreci besleyen çok önemli bir güç daha var:

Oruç...

Oruç ile ışık arasında görünmez bir bağ vardır. Kelimeleri tekrarlamak ve bunları sistemli biçimde sürdürülen birtakım davranışlar ve ritüellerle desteklemek zihinsel ve duygusal olarak insanı niyetine odaklar. Tekrarlar (zikir gibi) zihnin bir konuya (niyete) konsantre olmasını sağlarken oruç ise büyük bir nur, ışık ve enerji kaynağı olarak derin bir arınmayı ve berraklaşmayı destekleyerek uhrevi enerjiyle bağ kurabilme imkânını kolaylaştırır.

Oruç, uhrevi bağı oluşturabilmek üzere çok değerli bir hazırlıktır. Bedenini maddi şeylerle (dünyevi maddelerle) beslemeyi bıraktığında bedensel, zihinsel ve ruhsal olarak kendini Allah'ın nuruna açmış oluyorsun. Her hücren onun ışığıyla doluyor.

Büyük günahlar işlediğimizde oruç tutarak, bedenimizi Allah'ın besleyen, doyuran, haz veren, affeden ışığına açarız aslında. Kürtajlar bölümünde orucun bedeni nasıl temizlediğinden, bu deneyimin olumsuz enerjisinden kurtulmak isteyen kadınların nasıl niyet ederek oruç tutmaları gerektiğinden söz ediyor olacağım.

Başımıza kötü şeyler geldiğinde bunların izini silmek, affedemediğimiz şeylerden kurtulmak, tövbe etmek ve vazgeçmek istediğimiz şeylerle ilgili niyet edip oruç tuttuğumuzda, bedenimiz ilahi kaynağın gücüyle beslenir ve temizlenir.

Hangi dinin mensubu olursan ol, o dinin kutsal kitaplarında ölen insanların, eğer iyilerse kabirlerinin aydınlanacağı, nurlanacağı müjdelenir, kötülerse karanlıkta kalacağı bildirilir değil mi? "O ışığa gitti, artık ışık oldu" denir mesela. Kalpleri kısa süreli duran ve geri dönen insanlar çoğunlukla bir ışık gördüklerini anlatırlar, ışıkların içinde yürüdüklerinden söz ederler. Dünya hayatı devam ederken bu kutsal ışıkla bağ kurabilmenin tek yolu da bedeni dünyevi maddelerden bir süreliğine uzak tutmak yani oruç tutmaktır işte.

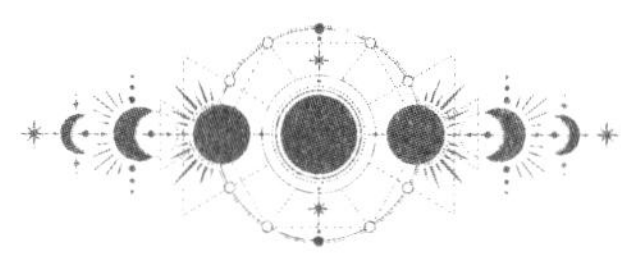

Dört Elementin Yaratım Gücü

Dört Elementi Bir Araya Getirip Beşincisi de Kendi Olan İstediği Her Şeye Ulaşacaktır

Lisedeki fen derslerini hatırla lütfen. Dünyanın varoluş hikâyesi neyle başlar?

Büyük patlamayla değil mi?

Big bang!

Yani ateş elementi... Başlatan, harekete geçiren, verilmiş bir karara eylem katan enerjidir. Yaratılış ateş elementiyle başlamaktadır. Tabii ki ateş elementinin içinde hız vardır, yakıcılık vardır. Sonra hava elementi ortaya çıkar. Dünya'nın atmosferi oluşur. Canlılığın oluşabileceği ustalığı ve ileriye atmayı, taşımayı, sürdürmeyi hava elementi destekler. Sonra su elementi, idrak kapasitesiyle birlikte canlılığı oluşturmak üzere ortaya çıkar. Dünya'nın dörtte üçünü kaplar. Su elementi iyiyle kötüyü birbirinden ayırt etmez, devamlılığı sağlamak için hepsini bir arada tutar. Bu yüzden derin bir tefekkürün ve bilgeliğin de sembolüdür. Sonrasında toprakla köklenir canlılık... Toprakla çoğalır ve yine toprağa dönerek yaşam döngüsünü kurmuş olur. Yaratım döngüsünde dört element esastır ve bu her yaratım için geçerlidir. İnsan yoktan var etme gücüne sahip değildir, ama Allah'ın ona verdiği yetkiyle ve kutsal araçlarla yaratım yetkisini kullanabilmektedir. İnsan çocuğu da yoktan var edemez, ama Allah'ın verdiği yetkiyle ve kutsal araçlarla yaratım sürecini kullanabilme hakkına sahip olur.

Hz. Muhammed de, kuvvetli bir ışık elçisi ve büyük bir devrimci olarak dünyaya geldi. Kendinden önceki sapkın ve korkunç sistemi yıkarak, daha insancıl, daha paylaşımcı bir inanç çatısı altında, manevi bir bütünlük ve güven içinde bir arada tutmak üzere yeni bir sistem getirdi. Bunu yapabilme yetkilerine zaten daha doğum anı itibariyle fazlasıyla sahipti. Bir dönüştürücü enerjisiyle dünyaya gelmişti ve dönüştürücülük etkisi onda 40 yaşına kadar gizlenmişti. Bütün bu süreç doğum haritasında da harfi harfine görülebilmektedir. O gerçek bir peygamber ve kusursuz bir lider olarak bulunuyordu dünyada. Kova-Aslan aksının bütün özelliklerine sahipti. Peygamberliği 40 yaşına kadar kendisinde gizlenmişti. Görevi ona izah edildiğinde, enerjisinin etraftaki insanlar tarafından da anlaşılır, görülür, fark edilir ve kabul edilir olabilmesi için bazı parametrelerin ortaya çıkıp bir araya gelmesi gerekiyordu. Zira bu potansiyel ve bu kutsal görev, insan aklıyla kavranamayacak kadar güçlü ve büyüktü...

Sürecin görünürlüğü açısından en önemli enerji dişil enerjiydi. Bütün peygamberlerin nurunu tamamlayabilmesi için Allah onlara, yâren ve yardımcı Ay karakterleri göndermiştir. Hz. Süleyman da Belkıs'la birlikte Allah'ın nurunu yayma enerjisine girmişti. Büyüleyici zenginliği ve saltanatını onunla yaşamıştı.

Hz. Muhammed de Ay enerjisini Hz. Hatice'den almaktaydı. İlk vahyi ilk kez dinleyen ve ona inanan kişi Hz. Hatice olmakla beraber, Ay enerjisi olarak da nuru tamamlamasındaki en önemli kişiydi.

Allah, Hz. Muhammed'e henüz çok küçük yaşta kaybettiği annesinden alamadığı şefkatin yerini doldurmak üzere, ona hem şefkat verecek, hem koruyup kollayarak, inanarak sevgisini hissettirecek bir Ay enerjisi olarak Hz. Hatice'yi nasip etmiştir. 40 yaşına kadar kendisinde gizlenen sır açığa çıktıktan sonra, bu sırrı meydana getirmek için hayatına dört önemli kişi (dört güçlü element) etkin bir şekilde dahil olmuştur.

Hz. Ebubekir malıyla, nüfuzuyla, maddi varlıklarıyla Hz. Muhammed'in yanında olmuştur ve topak elementi olarak maddesel gücü, dünyevi desteği sağlamıştır. Hz. Ebubekir, mal varlığıyla tam bir toprak elementi olarak varlık bulur Muhammed'in hayatında.

Sonradan Müslüman olan, cesaretiyle ve adaletiyle insanlığı kendine hayran bırakan Hz. Ömer de varlık sürecinin enerjisine dahil olmuştur. Adaletsizliğe karşı keskin bir kılıca sahip olan Hz. Ömer ateş elementiydi. Eylem enerjisiydi. Dikkat çekiciydi. Saygı uyandırıyordu ve harekete geçiriyordu.

Su elementi olarak da Hz. Osman girer Hz. Muhammed'in hayatına. Hayal ve duygu dünyası engin bir insandır Hz. Osman. Kuran okurken şehit edilmesi bile onun derin düşünce ve tefekkür halinde bir insan olduğunun sembolü gibidir adeta. Balık burcu olarak su elementindeki enerjisiyle, edep, hayâ, derin düşünce ve tefekkür halinin temsilcisidir. Sürecin içselleşmesi, inancın derinden hissedilmesi, yüreğe sindirilmesinde bir su elementi olarak görev yapmıştır.

Hz. Muhammed'in "Ben ilimsem Ali de ilimin kapsıdır" dediği Hz. Ali'nin akıl ve ilim yönü de hava elementidir. Astrolojik olarak baktığımızda mal mülk toprak elementi, cesaret, eylem ve savaşçılık ateş elementiyle, duygu, edep, derin düşünce su elementiyle, ilim ve akılsa hava elementiyle temsil edilir.

Beşincisi de Muhammed... Yani hepsini bir araya getirmeye karar vermiş olan ilk element, hepsinin bir araya gelmesini sağlayan, kutsal sebep... Hepsini bir araya getirerek İslam ışığını yaymıştır. Önce dişil enerjiyle tamamlanma gelir, sonrasında dört elementi bir araya getirmek...

Unutma ki dört elementi bir araya getiren ve beşincisi de kendi olan kişi, eğer Ay enerjisiyle de bütünleşmişse her şeye sahip olur. Bu bir yasadır. Yaradan'ın yaratım formülüdür ve Yaradan bu formülü kullanma yetkisini kuluna da açmıştır. Bütün mesele bunu görmekte, bilmekte, anlamakta ve idrak etmektedir.

Dişil enerji, dört elementi bir arada ve işler kılan güçlü bir enerjidir. Bütün elementler, dişil enerjinin kabında bir araya gelir, kaynaşır ve bir sonuç meydana getirir.

Dişil enerjiyi kutsal bir kap, kutsal bir kâse, tencere, kazan gibi düşünebilirsin. Dişil enerji zaten hep bu sembollerle temsil edilmiştir.

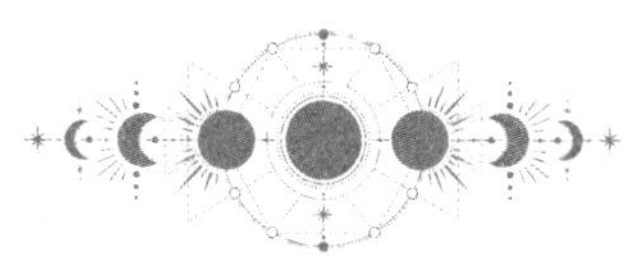

Dileklerin Gerçekleştirilmesinde Dişil Enerjinin Gücü

Kutsal Kâse, Rahim, Dilek Kutusu, Cadı Kazanı Sembolleri

Teknoloji ve hız çağında, erkek dünyasına savaşmak üzere itilmiş kadınlar, zaten hep erkekle bir savaş içinde olmaya mecbur bırakılmıştı tarih boyunca... Ancak kadın hiçbir dönemde gücünü aldığı doğadan bu kadar ayrı düşmemiş, bu kadar uzak kalmamıştı. Çalışma ortamında da kadının hamile olması, emzirmek zorunda olması, iş hayatının içindeyken de bebeğine annelik yapması, yuvasını koruyup beslemesi, bunların üzerine kadının başka bir dolu görev yüklenmesi ve onunla ilgili beklentinin de giderek artması, kadını dişiliğinden ve dişiliğinin yaratıcı gücünden uzaklaştırmaktadır ister istemez.

Kadına yüklenen misyon çok ağır... Kadınların üzerindeki beklenti ve baskı azalmadığı gibi günden güne artmaya devam ediyor. Dolayısıyla kadın artık bir noktada dişilikten ve kendisine biçilen misyondan bile korkup çekinir oldu. Artık evlilik ve annelik müesseselerinden bile uzaklaşmaya başladı. Bütün bu misyonları mümkün mertebe ertelemeyi hatta iptal etmeyi tercih edenler bile var. Elbette haksız değiller...

Çağımızın kadını, hem çalışması gereken, kendi parasını kendisinin kazanması, kariyer ve itibar sahibi olması gereken, hem güçlü, başarılı ve tuttuğunu koparan, boşansa da çocuklarının eğitiminden, ahlakından, yetiştirilmesinden, bakımından, ihtiyaçlarından sorumlu olması gereken çok ama çok zorlu bir figüre dönüştü değil mi? Kadının maruz bırakıldığı zorbalık ve baskı da işin cabası...

Kadın bu ağır görevleri ve sorumlulukları itibariyle giderek dişil gücünden istese de istemese de uzaklaşmaya başladı, hatta dişil gücünü reddeder oldu. Dişiliğini yaşamayı istemez hale geldi. Neredeyse hepimiz trafikte küfreden, kavgaya hazır, tartışmacı, çoğunlukla gergin ve sinirli görünen, çocuklarına hem annelik hem babalık yapan, evini geçindiren kadınlara dönüştük... Üzerine yığılacak olan sayısız baskıdan ve görevlerden kaçınmak için artık evlenmemeyi hatta anne olmamayı seçen kadınlar olduk.

Beyin damarım tıkandığında 23 yaşındaydım ben. 24'üncü yaşıma bir hastane odasında girmiştim. Yaşadığım rahatsızlığın sebebi, sözde âdet düzenlemeye çok iyi geldiği söylenen birtakım hormon ilaçları... Doktorlar, bu ilaçların "polikistik over"a çok iyi geleceğini ve beni hemen iyileştireceğini söylemişlerdi ama ne yazık ki ben yavaş yavaş farkında bile olmadan ölmekteydim. Kanım giderek pıhtılaşmaya başlamış ve sonunda beyin damarlarımdan ikisini tıkamış. Bunun üzerine felç oldum tabii. Büyük bir tehlike atlattım aslında. Şimdilerde "Hormon ilaçları kullanmayın!" diyorlar ama basit rahatsızlıklarda bile karşımıza çıkıyor bu ilaçlar hâlâ... "Kadınlara yapılan bu eziyetin sebebi ne?" diye soruyorum sürekli... Cevaplar da almaya başladım elbette... Kadının en büyük gücü hatta tükenmeyen bir enerji ve yaratım kaynağı olan rahmiyle ilgili yaşadığı hastalıkların artıyor olması hiç tesadüf değil...

Dünya genelinde kadın hastalıklarına yönelik yapılan araştırmalarda, rahimle ilgili yaşanan hastalıkların farklı çeşitler göstererek çok arttığı, rahim aldırma ameliyatlarının yükseldiği tespit edilmiş. Kadının rahmiyle ve dişiliğiyle ilgili evrensel olarak büyük bir sıkıntı yaşadığı aşikâr. Kadının, hem kendi doğasından hem doğa anadan tamamen koparak, bir erkek savaşının içine itilmesi, burada yarışmaya ve savaşmaya mecbur bırakılması, kadının koruyucu yaratım ve üretim kaynağı olan rahmine hep şu mesajı vermesine yol açtı.

"Ben seni taşıyamıyorum, sen bana hep bir yüksün, sen bana engelsin, seninle bu hayata devam edemiyorum, sen olmasaydın daha güçlü, daha başarılı, daha iyi olurdum, daha mutlu yaşardım."

Rahminin gücünden uzaklaşan kadın, onun bir kutsal güç olduğunu, bir bereket kaynağı olduğunu, Yaradan'ın yaratım suretinin bir tezahürü olduğunu, koruyucu bir güç olduğunu da reddetmiş oluyor. Böylece hem gücünden, hem sağlığından çok şey kaybediyor.

Rahimleri alınmış hastalara acil ve sonsuz şifalar dilemekle birlikte, bunun bir son olmadığını hatırlatmak istiyorum. Ben hastalığa götüren sürece vurgu yapıyorum sadece. Doğadan ve rahmimizden nasıl ve neden uzaklaştırıldığımıza dikkat çekiyorum. Nedenleri bilirsek, sonuçları değiştirebiliriz çünkü... Henüz umut varken, dişi bedenlerimiz işlevini hatırlıyorken, dişilin matematiği unutulmamışken bir şeyler yapabiliriz. Hepimiz bedenimizi şifalandırma gücüne sahibiz.

Kadın olmanın, rahim taşımanın, hamileliğin, anneliğin, bebeği emzirmenin ne büyük bir haz olduğunu, rahmin ve dişiliğin Yaradan'ın kadına verdiği en güzel yeteneklerden olduğunu, rahmin bereketimizi ve yaratıcılığımızı açığa çıkaran, ayrıca bizi besleyen ve büyüten bir güç olduğunu yeniden hatırlarsak ve bu kutsal hediyeyi (*kutsal kâseyi, rahmi*) kucaklarsak dünyanın kaderi de değişir.

Eğer dişil bir misyona sahip değilsek veya olamayacaksak sevgimizi, dişilik enerjimizi, doğadaki başka canlılara hatta doğa ananın tam da kendisine nasıl yöneltebileceğimizi öğrenebiliriz. Bir kadın sadece doğurduğu bebeğin annesi değildir, kadın dünyaya zaten içinde bir annelik çekirdeğiyle doğar. Bu yüzden doğadaki bütün canlılara annelik edebilecek yeteneğe sahiptir.

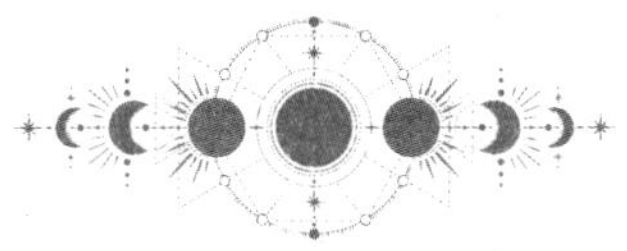

Rahim Enerjisini Uyandırmak

Tohumların döllendiği canlı bir yaratım yatağı olan ve Allah'ın isimlerinden biriyle tarif edilen "rahim" ritüellerde kâseyle, kapla, kazanla yani derinliği olan bir nesneyle sembolize edilerek kullanılır.

Yaratımın kaynağını sembolize eden bir kâse al ve içine bir parça toprak koy. Çok sevdiğin bir yörenin, bölgenin toprağını da kullanabilirsin tabii ki. Bu yapacağın ritüelin sendeki duygusuna, gücüne ve hissine bağlı...

Saksıda yetiştirilmiş bir buğday da ekleyebilirsin ki yine toprak elementi olarak bereketi sembolize eder. Hava elementi olarak, kâseye bir koku da eklemek gerekir. Karanfil, akgünlük, gül, damlasakızı tercih edebilirsin.

Gül kokusu, kadınlık ve dişilik enerjisini destekleyen, kuvvetlendiren bir kokudur. Ateş elementi olarak ben genelde kırmızı mumlar kullanırım.

Affedemediğimiz için, nefret ettiğimiz için kürtaj olmamıza sebep olmuş, ilişkiyi devam ettirmemiş, kadınlık onurumuzu incitmiş birini affetmek istediğimizde beyaz mum kullanabiliriz. Dişilik enerjisini artırmak istediğimizde kırmızı mum, sevemiyorsak öfkeliysek pembe mum, sağlık sorunlarımız için yeşil mum, çok umutsuzsak, karanlıktaysak ve depresyondaysak mavi mum, bolluk bereket sıkıntısı yaşıyorsak da mor mum yakabiliriz.

Su elementi, derinleşme, teşekkür ve zikir olduğundan niyetimiz üzerinde tefekküre durmalı, içselleştirmeli, niyetimizi hissetmeli, her ayrıntısını düşünmeli, onu içimizde yaşamalı, hatta niyetimizin enerjisine bürünmeliyizdir. Daha önce de söylediğim gibi bu ritüelleri tekrarlamamızın temel nedeni, niyetimizin enerjisine bürünebilmek içindir. Ritüel sırasındaki tefekkür de bu yüzden çok kıymetlidir. Yarattığın bu atmosfer, seni adım adım niyetinin enerjisine bürüyecektir. Niyetini uzaktan isteyen ve izleyen insan olmaktan çıkıp, o niyetin enerjisini içinde taşıyan, o niyeti her hücresiyle yaşayan, o enerjiyi giyinmiş, ona bürünmüş insan olacaksındır. Buradaki idrak çok önemlidir. İyileşme ve şifalanma da bu idrakle gerçekleşebilir ancak...

Şifalanma nedir?

Şifalanmak ya da şifalandırmak kavramları günümüzde artık her konuyla ilgili yerli yersiz kullanılmaya başlanmış olsa da işin doğrusunu ve temelini açıklamakta fayda var. Astrolojide şifa hangi burçlarla ilgilidir ve tam olarak neyi anlatır, buna bakmak gerekir. Şifalanmak, astrolojide Balık ve Başak burçlarıyla ilgilidir. Bu iki burç şifadan, iyileşmeden sorumlu burçlardır.

Başak burcu astrolojide ayrıştırmayı, eleştirmeyi, ayıklamayı, parçalara ayırmayı, iyice analiz etmeyi ve ayrıntıları görmeyi temsil eder, Balık da olduğu gibi kabul etmeyi, bütünleştirmeyi, iyileştirmeyi ve akışta olarak en iyi versiyonuna ulaşmayı ama bunu her şeyi olduğu gibi kabul ederek yapmayı temsil eder. Şifa Balık'tan Başak'a, Başak'tan Balık'a akar.

Başak maddesel şifayı, Balık ise ruhsal şifayı ifade eder.

Ezoterik kaynaklara baktığımızda Başak burcu Bakire Meryem'i, Balık burcuysa Ruhül Kudüs saf İsa'nın enerjisini taşır. Açılımını şöyle yapmak mümkün:

Saf, ayrıştırılmış, temizlenmiş, ayıklanmış, arındırılmış olan Bakire Meryem enerjisinden, yine ona layık şekilde saf, tertemiz, arındırılmış, Allah'ın nefesi olan Ruhül Kudüs'ün doğması...

Şifalanma süreci parçalanmayla başlıyor. Çocuklukta bilinçlenmeye başladığımız süreçten itibaren parçalanmaya da başlıyor. Acılar deneyimliyoruz, eleştirilere maruz kalıyoruz, aklımız bir yere takılıp kalıyor, kalbimizden bir parça eksiliyor ve belki bugün hiç hatırlamadığımız bir yerde gömülüp kalıyor, saçılarak, parçalanarak hayat yolunu yürümeye devam ediyoruz. Bir noktada durup dağılan parçalarımızı geri çağırmaya karar verdiğimizde ve bunun yolunun da olanı olduğu gibi kabul etmekle mümkün olabileceğini kavradığımızda ne oluyor? Tabii ki şifalanma yani iyileşme başlıyor. Parçalarımız dağıldığı yerlerden geri dönmeye başlıyor ve bütünleşme sürecine giriyoruz. İyileşmek için öncelikle kabul gerekiyor.

Şifalanma kelimesinin tam olarak karşılığı bütünleşmek, bütün olmak, tam hissetmek ve kendini akışta bulmaktır.

Şifalanmak = Olduğu gibi kabul etme ve bütünleşme.

Birine şifa dilerken aslında ona kendini olduğu gibi kabul etmesini, kendiyle bütünleşmesini ve tam hale gelmesini dilemiş oluyoruz.

İnsanlar ne zaman ayrışırlar demiştik?

Kalpleri birilerinde ya da bir yerlerde kaldığında, akılları başkalarına takıldığında... İnsanlar bir kırgınlık yüzünden hatta küçücük bir hatırayla bile birine hapsolup kalabiliyorlar. Geçmişteki bir acıya mahkûm olabiliyorlar. Ruhumuzdaki tüm parçalar hayatımız boyunca etrafa saçılmış dağılmış gibidir adeta... Bütün olmamız için başkalarının bizi nerede kırdığını, kalbimizi nerede bıraktığımızı, aklımızı hangi olayda kaybettiğimizi, nerede kendimiz olmaktan vazgeçtiğimizi bulmamız gerekir. Dağılan parçalarımızı bulduğumuzda ve kendi benliğimizi olduğumuz gibi kabul edip, varlığımıza sahip çıktığımızda iyileşmeye başlarız. Kalbimiz nereden kırıldıysa, o parçayı aynı yerden geri çağırmış oluruz. Ruhumuzu, kalbimizin kırıldığı yerden geri çağırıp alırız ve tamamlanırız.

Bütünleşme ve şifalanma çalışmaları nasıl yapılır?

Bizi en fazla üzen deneyimleri yeniden hatırlamamız gerekir. "Şu kişi bana sen kötü bir insansın dediğinde, ben bütün ruhumu orada bıraktım" demişizdir mesela... "Şunu yaşadığım gün bütün özgüvenimi yitirdim, şunu duyduğumda değersiz biri olduğumu kabul ettim, başıma şu geldiğinde artık bir işe yaramadığıma karar verdim, bir daha kimseye güvenmedim, ben bütün inancımı şu olay başıma geldiğinde kaybettim."

Bu gibi kırılma anları, parçalandığımız, etrafa saçılıp dağıldığımız deneyimlerdir. Bu kırılma anlarını hatırladığımızda, açılan o kırıktan kaybettiğimiz her şeyi geri çağırırız ve kaybettiğimiz her şeyi oradan teslim alırız.

Kendinden kopup giden değerli parçalarını ne zaman, nerede, kim yüzünden ya da ne yüzünden bıraktığını hatırla.

"Bana söylediğin kötü sözleri, içime ektiğin kötü inanç tohumlarını, içine bilinç ve farkındalık ekleyerek iade ediyorum" diyerek iyileşme sürecini başlatabilir, parçalarını tek tek toplayabilirsin.

Belki öğretmeninin sana "Aptal çocuk!" dediği anı hiç unutamıyorsundur çünkü kendine olan bütün güvenini orada bırakmışsındır. Orada bazı değerli parçalar eksilik gitmiştir senden.

O gün neler olduğunu hatırla ve "Öğretmenimin bana söylediği bütün o kötü sözlere bilinç ve farkındalık ekleyerek hepsini iade ediyorum. Orada kalan aklımı geri alıyorum, orada bıraktığım özgüvenimi geri alıyorum. Artık o öğretmenin karşısındaki küçük çocuk değilim. Kendimi oradan özgüvenimle geri alıyorum ve eksik kalmış parçamla şimdi bütünleşiyorum" diyebilir ve iyileşmeyi başlatabilirsin.

Şifalanma deneyimi, bütünleşmek ve kendimizi olduğumuz gibi kabul etmek, bizi yaralayan hatıraların içine hapsolmuş parçalarımızı oradan çıkarıp almak, kendimizi o acıklı deneyimden ayrıştırmak, bize yüklenen misyonları ve yakıştırılan yaftalamaları içine bilinç ve farkındalık ekleyerek sahiplerine iade etmek ve sonunda kendimiz olmayı başarmaktır.

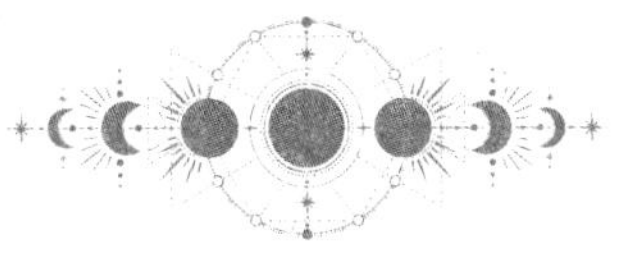

Aile İçinde Büyük Küçük Dengesi

Bütün kadınlar doğa annenin bereketini taşır. Doğanın uyandırdığı kızlardır onlar... Çok değerli ve zariftirler, ne yazık ki çoğu örseleniyor hoyrat ellerde, incitiliyorlar.

Yoluna çıkan her şeyi güzelleştiren, tohumu ağaç eden güzel kadınlar...

Hayatımın belki de en zor zamanlarından geçiyordum, parasızlık, yönümü bulamamak, yolumu çizememek yüzünden çok büyük bir umutsuzluk içindeydim. Kısa zaman önce ciddi bir hastalık geçirmiştim, henüz 26 yaşında olmama rağmen bir sürü badire atlatmıştım, yalnız bırakılmıştım ve ölümlerden dönmüştüm. Yönümü bulamıyordum ama doğadan hiç vazgeçmedim her fırsatta değişik bir içgüdüyle toprağa koşuyordum, ağaçlara, bahçelere gidiyordum, evde biriktirdiğim bütün meyve çekirdeklerini bir parça suyla toprağa ekiyordum. İçimde değişik bir his oluşuyordu, sanki bunu yapmak zorundaymışım gibi hissediyordum, sorumluluğumu yerine getiriyor olma duygusu bana çok iyi geliyordu.

Yaşadığım bu süreci bilgisine çok güvendiğim bir dostumla paylaştım. Zor günlerde toprakla uğraşmanın bana iyi geldiğini söyledim. "Bunu boşuna yapmıyorsun" demişti bana. "Sen gerçekten bereketli birisin, bereket bilinci seni toprakla buluşturuyor istemsizce... bundan böyle dua ederek buluş toprakla."

O an büyük bir aydınlanma yaşadım. Kendimce dualar ederek toprak işiyle uğraşmaya devam ettim, hayatım değişti. "Ey toprak! Bir gün sana bedenimi emanet edeceğim. Onun öncesinde bu armağanlarımı kabul et, sana bir parça tohum ve su getirdim" derdim ve kendimce dualarımı ederdim. Sanki kimsem yoktu ama toprak bana dost oluyordu.

Bunu her gün yaptım, sonra arkadaşlarıma da tavsiye etmeye başladım, çünkü çok rahatlatıyordu. Aynı zamanda pencereme gelen kuşları da besliyordum, kendime görev edinmiştim bunu da, kuşları yemsiz bırakmamaya söz vermiştim kendime, önüme çıkan her fırsatı değerlendiriyordum, iyilikte yarışıyordum kendimle ve bu beni çok rahatlatıyordu, iyileşiyordum. Sonra içtiğim sulara da dualar etmeye başladım hatta dualarımı kâğıtlara yazıp bardağıma yapıştırıyordum. Ne zaman hava rüzgârlı olsa yüzümü pencereden uzatıp rüzgârın yüzüme değmesine izin veriyordum ve yine dualar ediyordum. Aklıma Hazreti Süleyman'ın rüzgâra hükmedişi geliyordu... Sahi insan gerçekten doğaya hükmedebilir miydi? Günümüzde yapılan tek şey doğayı mahvetmek, onun dilini anlamak yerine onu yok saymak... İnsanoğlunun doğaya yaptığı tam olarak buydu.

Ben bunları yapmaya başladıktan sonra altı ay içinde hayatım değişti, işlerim açıldı, çok iyi gitmeye başladı. O güne kadar ilgi alanım olarak ilgilendiğim şeyler, mesleğim haline dönüştü ve insanlar gerçekten kalbimi görmeye başladı. Onlara anlatacak çok şeyim vardı.

Öykümü paylaştım insanlarla ve kocaman bir sevgi seli doldu hayatıma, her şey yoluna girmeye başladı, yaşam amacımı sonunda bulmuştum, beni kurtaran tek şeyin dualarıma inanmak, doğayla bir ve bütün olmak olduğunu fark ettim. Kendimden başka canlıların da hatırını saydıkça sanki Yaradan da benim hatırımı saymıştı. Kadınlar da erkekler de hiçbir çiçeği, kuşu, tırtılı, salyangozu görmezden gelmesin. Kimin sevgisinin, kimin duasının, kim hürmetine seni kurtaracağını asla bilemezsin.

Çiçeklerin suya, kuşların buğdaya, toprağın büyütüp şekillendireceği ve bereketlendireceği tohumlara ihtiyacı vardır. İşte bu noktada kadınlar gücünü fark etmeli... Ailen seni örselemiş, incitmiş olabilir ama geri dönüp onlara bak ve olanları anlamaya çalış. Aile dizimi gibi özel çalışmalardan yardım alarak, geçmişinle, hatalarınla barış. Ben bu konuda sevgili dostum Aynur Tümen'den çok büyük destek almıştım, onu görür görmez onun da doğanın ruhunu anlayan, uyandırılmış bir kız olduğunu anlamıştım ve aile içindeki dengelerin ne kadar önemli olduğunu fark etmem de bu sayede olmuştu. Aile dizimiyle, anlatılmaz ve inanılmaz deneyimler katmıştı hayatıma. Aslında zaten bildiğim ama tam anlamıyla uyanamadığım gerçeklere uyanmıştım.

Her çocuk bir anneden ve babadan dünyaya gelir. Bazıları aile ortamında yaşarlarken bazıları aile ortamı bile deneyimleyemezler. Baba astrolojide Satürn'dür, evin temelidir, direğidir. Güveni ve otoriteyi simgeler. Anneyse sevgi ve şefkat verendir, koruyan kollayan Ay'dır...

Bu iki güç arasındaki görev ve dengeler bozulduğunda, çocuğun hayatındaki dengeler de bozulur. Annesini ya da babasını kaybetmiş olan çocuklar, hayatta kalan ebeveynlerine eşlik etmek için başka bir görev enerjisi üstlenirler. Yani babalarının karısı, annelerinin kocası olurlar bir yerde.

Sorumluluk alanları ve misyonları değişir. Cinsiyet fark etmeksizin rol dağılımı yeniden yapılmıştır. Oysa hiçbir çocuk üzerine vazife olmayan bir role mahkûm edilmemelidir. Kimsenin görevi ve sorumluluğu başkasının görevine dönüşmemelidir. Ne yazık ki bu dengeler her zaman bilinçle ve farkındalıkla korunamayabiliyor. Annesini kaybettiği için evin annesine dönüşen çocuklar, babayı kaybettiği için evin reisine dönüşen çocuklar, yardım dengeleri bozulmuş insanlar olarak hayata devam ettiklerinde elbette birtakım sorunlar yaşıyorlar. İlle de ebeveynler kaybedildiğinde yaşanmıyor bu yardım dengeleri sorunu.

Evin babası sağdır ama babalık görevini yerine getirmediği için çocuk evin reisi rolünü üstlenmek zorunda kalmış olabilir. Anne sağdır ama annelik görevini yerine getirmediği için sevgi, şefkat ve birleştiricilik görevi çocuğa düşmüştür. Bunlar hep derin yaralara ve içsel sancılara yol açacaktır ilerleyen zamanlarda. Aynı şekilde çocuk kötü bir babayla büyüdüyse ya da kötü bir anneyle büyüdüyse, hep bir değersizlik sorunuyla kavga ediyor olacaktır içinde.

"Ben bu kadar değersiz olamam!" düşüncesini sorguladıkça, kendini hep daha değersiz hissedeceği ilişkiler deneyimleyecektir. Çünkü bu sorunun cevabını o çocukluğundan beri kendisine "Evet ben değersizim, annem bile, babam bile bana değer vermiyor!" diye verdiği için bu cevabı işitebileceği, bu konuda kimsenin yanılmadığını kanıtlayabileceği deneyimlerin içinde bulur kendini. Kendini değersiz hissettiği ilişkiden de kolay kolay kaçamaz bu yüzden. Çünkü temel inancı, "Ben zaten bunu hak ediyorum!" inancıdır.

Bilinçdışında şöyle bir düşünce yerleşiktir artık:

"Ben değerli olsaydım zaten annem babam bana değer verirdi. Onlar bile bana değer vermediğine göre bu insan neden değer versin ki?"

Çoğunlukla kadın, derin bir değersizlik hissine sahiptir. Çünkü ona bu hissi dayatan sadece annesi babası değil, toplumdur da aynı zamanda.

Yerin ve göğün temel yasalarına göre anne ve baba, çocuk için değerli şeyler yapmalı ve destekleyici olmalıdır. Bu

görevler çocuğa düşmemelidir. Aile içindeki yardım ve destek dengeleri bozulduğunda, çocuk annesine ve babasına ebeveynlik yapmak zorunda kalır. Görevi olmadığı halde, sayısız sorumluluklar üstlenir.

Pek çok kadın ve pek çok erkek, hayatı boyunca kendi gibi olamadan, kendinin aslında kim olduğunu bilemeden bu dünyadan göçüp gitmektedir.

Çoğu insanın evlenmeden, çocuk sahibi olmadan, mutluluğu yakalayamadan yaş almasının sebebi, aslında tam olarak budur. Aile içindeki yardım ve görev düzenleri, çok erken yaşlarda bozulmuştur. Yardım düzenleri çok önemli bir konudur. Her ne üzerine çalışıyor olursak olalım, bu konuyu görmezden gelemeyiz, atlayamayız. Pek çok sorunu, tam olarak buraya bakıp düzeltmeye başladığımızda, şifalandırdığımızda çözüyor olacağızdır.

Günümüzde artık sıkça kullanılır hale gelmiş olan aile dizimi sistemleri meselesine ilk değinen isim Bert Hellinger olmuştur ve yardım düzenleri kavramını enine boyuna tartışmıştır. Ben bu uyanışı sevgili dostum Aynur Tümen ile yaşamıştım. Babamı yok saydığımı, onun yerini doldurmaya çalıştığımı herkesi yerli yerine koyup olduğu gibi kabul edince hayatımın nasıl da düzeldiğini anlatsam sayfalar yetmez.

Herkesi hak ettiği yere koymak ve orada konumlandırmak gerekir. Bu bir yardım düzeni dengesidir çünkü... Eşyaları doğru yerlerine koymak ne kadar önemliyse aynı şekilde insanları da doğru konumlandırmak zorundayız. Aksi halde dengelerimiz sarsılmaya devam eder. Hayatımızdaki insanları olmaları gereken yere yerleştirebildiğimizde iyileşmeye de başlarız. Dengeli ve sağlıklı bir yaşam süreci kazanırız.

Dişil enerjinin önemi üzerinden konuya bakmaya devam edecek olursak:

Kadının dişil enerjisini ve bereket gücünü bozan faktörlerden birini, yanlış ilişkiler içinde bulunuyor olmasını atlamamamız gerekir.

Kadına eğer evlenmeye ya da sevgili olmaya değer biri olmadığı duygusu hissettiriliyorsa, bu duyguyla kürtaja zorlanıyorsa kadının rahim enerjisinde ciddi güç ve enerji kayıpları yaşanır. Kaybedilen bu enerjileri yerine koymak gerekir. Kadını bu değersizlik hissiyle ve yaralı bir rahimle yalnız bırakmak olmaz.

1. Değersizlik hissi: Rahmi küstüren etkenlerin başında bize kendimizi değersiz hissettiren insanlarla yaşadığımız ilişkiler gelir. Bizi evlenilmeye, sevilmeye layık görmeyen insanların ruhumuzda açtığı yaraları iyileştirmekte çok zorlanırız.

Her kadın birlikte olduğu erkek tarafından "Eşim olsun, hayat arkadaşım olsun" duygusuyla anılıyor olmayı onur verici bulur. Kadın evlenmeyi hiç düşünmüyor bile olsa, bilinçdışında bu onayı almak ister karşı taraftan.

Biz kadınlar Ay ve Venüs tipleri olduğumuz için, bilinçdışımızda birlikte olduğumuz erkeğin bizi evlenilmeye değer, eşi olmaya layık bir kadın olarak hissettirmesini onur verici algılıyoruz.

Maalesef günümüzde benim de danışanlarımda sıkça gördüğüm en önemli sorunlardan bir tanesi, değersizlik hissi... Çoğu danışanım "Sen evlenilmeye, sevilmeye değer bir kadın değilsin!" duygusu almış karşı taraftan. Erkeğin "Ben bakire isterim, ailemin onayını alsın isterim, şu inançtan isterim, şu kültürden isterim..." gibi talepler oluşturması ve bunu kadına fütursuza hissettirmesi, derin bir değersizlik hissine yol açıyor bilinçdışında. İşte bu temel inanç, aslında bütün ilişkilerin bozulmasına yol açıyor.

Bu tip sorunlarla öyle çok karşılaşıyorum ki, dünya güzeli kadınlar, dünya iyisi kadınlar, sırf kültürlerinden dolayı, ailelerinden ya da bakış açılarından dolayı evlenilmeye layık olmadıkları düşüncesiyle değersizlik hissine mahkûm ediliyorlar. Sevdikleri insanların başka kadınlarla evlendiklerine de şahit olduklarında ise, bu travmaları atlatamadıklarına tanık oluyorum.

Öncelikle bu sonradan monte edilmiş, uydurulmuş düşünce biçiminden kurtulmak gerekiyor.

Bu sorunu yaşayan her kadının kendine şu soruyu sormasını istiyorum:

"Ben evlenilmeye layık değilim, sevilmeye layık değilim, değerli değilim!" inancını bana ilk kim yükledi?

Bu aslında anneme ya da halama, yoksa anneanneme yüklenmiş bir misyon muydu?

Doğrudan bana yüklenmiş bir hisse eğer, ben bunu kimden ve nereden aldım?

2. Kürtajlar: Kürtaj, kadının kendi iradesiyle bile isteye verdiği bir karar bile olsa, bilinçdışında derin bir suçluluk duygusuna yol açıyor. Partnerimizin kürtaj olmamızı istemesiyle beraber, onun çocuğunun annesi olmaya değer görülmemiş olduğumuz inancıyla yaralanıyoruz farkında bile olmadan. Bilinçdışımızda kendi çocuklarını öldüren bir kadın olduğumuz suçluluğuna maruz kalıyoruz. Mantıken durumun aslında hiç de öyle olmadığını biliyor olsak da ne yazık ki bilinçdışında işler öyle ilerlemiyor. Sevdiğimiz erkeğin çocuklarını doğurmaya layık olmadığımız hissi geçiyor zihinsel kayıtlara. İşte burası, çok ciddi şekilde iyileştirilmesi gereken bir alan...

Bir kadın kaç kez kürtaj olmuşsa kaybettiği çocuklarına cinsiyetsiz bir isim vererek, onların ruhlarını onurlandırarak ve yine onlar adına o kadar çocuğa yardım ederek af dilemelidir. Başka çocuklara yardım ederek ve oruç tutarak bu enerjinin iyileştirilmesi gerekir. Orucun çok kuvvetli bir etkisi vardır. Oruç negatif enerjinin bedenden ayrılması, bedenin ışıkla şifalanmasıdır. Işıkla beslenmek üzere, kapıları aralamak için vardır oruç.

Bu iyileştirmeyi kesinlikle atlamamanı tavsiye ederim. Kürtajın kadında yol açtığı değersizlik duygusu ve "Ben kendi çocuğumu öldürdüm!" suçluluğu tedavi edilmediği sürece, hayatın her alanında başka türlü de olsa sancılara ve sorunlara yol açmaya devam edecektir.

Kürtaj deneyiminin kadının bedeninde, duygu dünyasında ve bilinçdışında yarattığı olumsuzluktan temizlenmenin en etkili yollarından biri de oruçtur. Daha önce de değindiğim gibi, oruç kutsal ışıkla bağ kurmak ve o ilahi ışık tarafından arındırılmak, temizlenmek, affedilmek demektir.

Bu deneyimi yaşamış bir kadın, *"Ben kürtaj oldum, çok pişmanım ve bunun için oruç tutarak bedenimi Allah'ın bağışlayıcı, nurlu ışığına açıyorum, beni karanlığa sevk eden, benim bu hataları yapmama sebep olan karanlığın bedenimden sıyrılmasına ve Allah'ın nurunun saf ışığının bedenime dolmasına niyet ediyorum"* diyerek bir ay boyunca oruç tuttuğunda dişil enerjisi kuvvetlenir, bereketlenir, tazelenir. Oruç ruhu ve bedeni besleyip temizler, arındırır ve berraklaştırır.

3. Güzellik: Kadınların hepsi Venüsyen ve Aysal'dır. Anaçlık, dişilik, korumacılık, sevgi, bakım, şefkat, besleme, güzel yemek yapma, maharet, sezgi özelliklerini Ay'dan alırken, estetik, güzellik, sevilmek, aşk, cinsellik ihtiyacı, güzel görünme, beğenilme, güzel kokma, parlama, iyi giyinme, dikkat çekme, değerli şeylere sahip olma, takı takma eğilimini ve zarafetini de Venüs'ten alır.

Bir kadının doğum haritasında eğer Ay'da sorun varsa annesiyle ilişkisi iyi olmaz, kadınlarla olan ilişkilerinde zorlanır.

Şefkatini ve duygularını verdiği insanlardan zarar görebilir. Şefkatini ve duygusunu verdiği insanlardan karşılık alamayabilir.

Venüs'ünde sorun olduğunda ise kendini beğenmiyor olur veya beğenilmiyordur. Tabii ki herkesin haritasını bilemeyiz ama en azından Ay'ımızın ve Venüs'ümüzün kendimizde güçlü olup olmadığını bu verilerden anlayabiliriz.

Eğer şefkat alamıyorsak ya da veremiyorsak Ay'ımızda, şefkat alıp kendimizi güzel bulmuyorsak ve beğenilmiyorsak Venüs'ümüzde sorunlar yaşıyor olabiliriz. Bir kadın Ay'ıyla ve Venüs'üyle barışamadığında, kendini fiziksel olarak beğenemediğinde, farkında bile olmadan bütün fiziksel hastalıklara kapı aralamış olur. Venüs genellikle rahim ve cinsellikle ilgili bölgeleri temsil eder. Ay ise meme, mide ve hormonlardır.

Bir kadın sevilmediğinde, arzulanmadığında istenmediğinde dişilik özelliklerini kaybetmeye başlar. Aynaya baktığında kendini beğenmiyorsa, kendiyle barışmıyorsa, Venüsyen özellikleri otomatikman bozuluyor.

Aynı şekilde anne olamadığında, şefkatini veremediğinde, bir erkek tarafından şefkat görmediğinde, annesi tarafından yeterince sevilmediğinde, anne sütü alamadığında da aynı yıkımları yaşıyor. Bunların hepsi birer birikimdir. Hal böyle olduğunda ise Aysal özelliklerini besleyemiyor oluyor. Bunlar tabii ki bir süre sonra hastalanmasına, psikolojik problemler yaşamasına ve dişil özelliklerini ortaya çıkaramamasına neden oluyor.

Herkes kendine özgü bir güzelliğe sahiptir. Ama maalesef bazılarının algısı aile içinde bozulmaya başlıyor. Mesela renkli gözlü, sarışın, uzun boylu bir ailede orta boylu ve esmer olarak dünyaya geldiği için beğenemiyordur kendini, oysa belki hepsinden daha güzel ve çekicidir ama bu algıya sahip olması zordur. Tam tersi de olabilir. Esmer bir ailede sarışın olarak dünyaya gelmiştir, esmerlerin daha rağbet gördüğü bir ortamda kendini çirkin hissediyordur, bu yüzden kendiyle ilgili algı ayarları bozuluyordur. Belki boylu boslu insanların arasında minyon kalmak psikolojisini etkiliyordur ama aslında son derece çekici, hoş ve albenilidir. Elbette hayatta her şey olabilir. Sonuçta yaşamımızda her şey bir sınav, güzellik de öyle...

Pamuk Prenses masalını bilirsin. Üvey annenin, genç ve güzel prensesi ormana salması ve avcıdan onun kalbini getirmesini istemesi ne kadar ürkütücü değil mi? "Ayna ayna! Söyle bana! Benden daha güzeli var mı bu dünyada?" tiradını hatırlıyorsundur. "Güzellik benim için önemli değil" diyen kadın için bile güzel olmak ve güzel görünmek daima önemli olmuştur, olacaktır da. Dolayısıyla Venüs'ü iyileştirmek önemli... Kadın kendini güzel hissetmeli, güzel bulmalı, kendini beğenmeli ve beğenilmeli... Peki Venüs nasıl iyileştirilir, şimdi buna bakalım.

Anahtar

Vereceğim bu küçük anahtarları yanından hiç ayırma. Bakma küçük olduklarına, hiçbir gücün açamayacağı kapıları açmaya muktedir güçleri vardır bu anahtarların.

Toprağın cömertliğini hatırla, toprağın ve suyun kıymetini bil... Hatırla ki ikisi birleştiğinde yaşam meydana geliyor.

Aile içindeki dengeleri yeniden düzenle... Aile dizimi çalışmalarından tabii ki destek alabilirsin.

Ay'ın toprak burçlarında olduğu günler (Boğa, Başak, Oğlak) toprağa fidan ya da tohum ek... Meyvelerin sebzelerin çekirdeklerini çöpe atma... Her birinin içinde canlı bir form var. Canlanma ihtimali olan, hayat ve bereket sunma şansı olan hiçbir şey çöpe gitmemeli. Çekirdekleri toprakla buluştur. Toprakla kurduğun şefkatli bağlantı bir süre sonra hayata kök salmana ve bollukla bereketle ilgili sorunlarının çözülmesine vesile olacaktır.

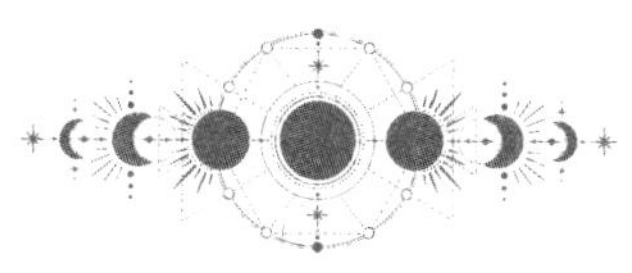

Onuru kırılan, gururu incitilenler için önemli bir çalışma

Kendimizi güçsüz hissettiren, özgüvenimizi yerle bir eden bir sürü olay ya da durum yaşarız hayatın içinde. Ne yazık ki çoğunun telafisi yoktur. Mesela herkes bayramlıklarını giyip bayramlaşmaya çıkmışken, eski püskü kıyafetleri yüzünden utandırılmış, ezilmiş, onuru kırılmış bir çocuk için o günler geri gelmeyecektir. Çocuk kalbimizin kırıldığı anların telafisi yok gibidir. Aldatıldığımız zamanlarda da tercih edilmeme, düş kırıklığı hissederiz. Onursuzlaştırılma ve küçük düşürülme hissi, kendi kendine iyileşmez içimizde.

Zaten her şeyi kendi başımıza çözmeye de çalışmamalıyız. Bazen insan çok insani olarak intikam almak da ister. Ne kadar incitildiğini anlasınlar ister. İnsan kıskanabilir de, önemli olan bu duyguların doğal olduğunu kabul ederek iyileşmeyi seçmektir. Bazı anların tek telafisi o anları iyileştirecek olayların yaratılmasından geçer. Yaratım işi elbette ki tüm kaynakların tek sahibi olan yaratıcıya aittir. Peki insanın bu sürece hiç katkısı yok mudur?

İnsanın katkısı da duasında ve niyetindedir elbette.

İnsan duasıyla ve niyetiyle yaratıma katkıda bulunur. Bu yetkiyi ona var olan her şeyin yaratıcısı Allah vermiştir.

Onurun kırıldıysa ve bunu telafi edecek bir olay yaratılmasını istiyorsan sahne kurmak gerekir. Tam olarak bir film sahnesi gibi... Kahramanları ve olayı iyice düşün... Neler olmasını isterdin? Kim sana yaşattığı duyguyu yaşasın isterdin? Olay nasıl yaşansın isterdin? Hepsini tek tek hayal ederek ve bunun sağlayacağı hazzı hissederek niyetini yap:

Var olan her şeyin yaratıcısı olan yüce Allahım, (.......) şu gün gururumu inciten bir olay yaşandı. Halimi şu an sana arz ediyorum. Kalbimin kırıldığı bu anları tek başıma telafi edemedim. Bu duyguları aşıp iyileşmedim. Bu yüzden senden yardım istiyorum. Öyle bir olay yarat ki benim kırılan gururum, sağlıkla iyilikle, herkesin hayrına ve iyiliğine olacak güçlü farkındalıklar yaratacak şekilde sevgiyle onarılsın... Kırıldığım tüm noktalarda kolaylıkla ve sevgiyle anlaşılmak istiyorum. Allahım aziz ve şerefli olan sensin, lütfen izzet ve şerefinden bana da bahşet. Beni aziz isminle şereflendir ve şifalandır. Kalbimi kıran ve gururumu incitenlerin yanında beni aziz, yüce ve şerefli kıl... Bunu yapacağını biliyor, sana sonsuz güveniyorum.

Her gün bu niyetinin ardından konsantre olup en az 40 dakika ya da sayısal bağlamında en az bin kez Ya Aziz ismini tekrarla... Bu sırada Allah'ı aziz yönüyle andığını, izzeti, şerefi, onur ve özgüveni hayatına davet ettiğini hisset. Allah'ın her ismi O'nun çok önemli bir özelliğidir. O'nu hangi özelliğiyle anarsan sana onunla gelir.

Suyun gücünden faydalan

Ay su burçlarındayken (Yengeç, Akrep, Balık) suyunu da bir niyet için kodla. Gün içinde niyetini tekrar ederek bir hafta boyunca bu uygulamaya devam et. Bir kâğıda dileğini yazabilir, bardağına ya da sürahinin altına, yanına yazılar suyu görecek biçimde yapıştırabilirsin.

İçtiğin suyu sevgi cümleleriyle kodlayarak iç. Mümkünse mavi bardak ya da sürahi tercih et.

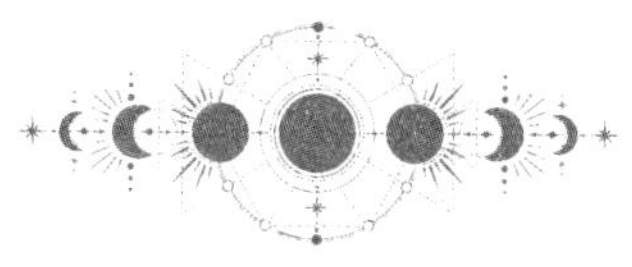

Venüs'ü İyileştirme Çalışması
Güzelliğin Sihri

Venüs'ü iyileştirmek demek, kendi güzellik algımızı iyileştirmemiz demek. Unutma ki yaratılan her şey Allah'ın nurundan yaratılmıştır ve herkes nevi şahsına münhasır bir güzelliğe zaten sahiptir.

Ama kendi içindeki, ruhundaki, bedenindeki güzellikleri nasıl daha fazla ortaya çıkarabilirsin, kendini nasıl daha iyi hissedersin diye düşünelim...

Bunun ilk kuralı eşsiz olduğunu kabul etmektir. Bir kadın kendini başkasıyla kıyaslamaya başladığında, çok büyük kayıplar yaşamaya başlar enerjisinde. Ne vakit kendini başkasıyla kıyaslarken yakalarsan kendine lütfen şunu hatırlat:

> *"O ben değilim, ben benim.*
> *Benim adım... Bu benim yolum,*
> *o da onun yolu... Onun yolu benim*
> *yolum değil, onun hayatı benim*
> *hayatım değil, onun bedeni benim*
> *bedenim değil, onun yüzü benim*
> *yüzüm değil. Ben o değilim, benim*
> *yolum başka, benim hayatım başka..."*

Kendine kim olduğunu hatırlat. Tıpkı ritüellerde olduğu gibi bunu kendinde gerekiyorsa sıkça tekrarla. Tekrarın önemini defalara vurguladım bu kitapta.

Eğer o kişiyle bir arada olduğunda kendini iyi hissetmiyorsan, sürekli aynı ortamda bulunmak zorunda değilsin. Başkalarıyla kıyaslandığın, kendini eksik hissettiğin hiçbir ortamda bulunma...

Ayrıca kendini daha güzel hissetmek için öz bakımına da çok dikkat etmelisin. Gül aromalı ürünleri bolca kullanabilirsin. Belli zaman aralıklarında mutlaka özüne dönerek kendince meditasyonlarını ya da ibadetlerini yaparak güzelleşmeyle ilgili evrenin enerjisini uyandırabilirsin.

Venüs'ünü iyileştirme çalışmaları yaparken niyetini açıkça ve güzellikle ortaya koyabilir ve şöyle söyleyebilirsin:

> *"Allahım sen gökleri ve yerleri güzellikle ve azametle yaratansın, evrene verdiğin bu güzellikten bana da ver, beni ayın on dördü gibi ve Zühre yıldızı gibi parıl parıl parlat..."*

Güzelleşmek için en etkili ilahi isimler:

Ya Bedii, Ya Latif, Ya Nur, Ya Musavvir, Ya Bari

"Ey tasvir edip düzenleyen yüzümü ayın on dördü gibi parlat ve beni ışıldayan bir yıldız gibi içten dışa kolaylık ve sağlıkla güzelleştir" niyetinden sonra şöyle devam edebilirsin:

"Ya Bedii, Ya Latif, Ya Nur, Ya Musavvir, Ya Bari" diyerek çağır. "Ya" diye seslenmek "Ey" diye seslenmektir. Böylece Allah'a onun en güzel isimleriyle ve en çok güzelleştiren isimleriyle seslenerek talep etmiş olursun. Bu isimleri her yeniay saati gülsuyuna okuyarak ve niyet ederek kendi sihirli güzellik toniğini de hazırlayabilirsin. Saymak yerine kendine konsantre ol ve en az bir saatini güzelliğine odaklanmaya, güzelliğini talep etmeye ayır.

Niyetlerini meditasyon ya da ritüellerin sırasında tekrar ederken tabii ki bülbül gibi güzel kuş sesleri de dinleyebilirsin bu sırada niyetini tekrar ortaya koyabilir ve şöyle söyleyebilirsin:

> *"Allahım yüzümü,*
> *elimi, sesimi, bedenimi ve*
> *ruhumu güzelleştir."*

Göreceksin, çok kısa zamanda enerjin hemen değişecek. Etrafındaki insanlar sana ne kadar güzelleştiğini, havanın değiştiğini, sende bir güzellik olduğunu ifade etmeye başlayacaklar.

Aynı şekilde giyim kuşam, takı, koku, iyi görünmek de Venüs'ün konuları arasındadır. Kıyafet seçimlerin konusunda işi hiçbir zaman şansa bırakma. "Böyle gelmiş böyle gider, ben hep böyle giyinirim zaten" deme. Bedenini tanı, sana yakışacak olanları seç, tarzını değiştir, neyi taşıyıp neyi taşımayacağından emin ol... Aldığın ürünün ne kadar pahalı ya da ucuz olduğunun bir önemi yok, üzerinde ne kadar değerli ya da ucuz göründüğünün bir önemi var. Alışverişini buna göre yap. Şık, zarif ve özgün bir tarz yakala. Unutma ki sadelik en büyük gösteriştir, en kıymetli albenidir.

Giyim kuşam seçimlerini yaparken de niyetini ifade et:

> *"Allah beni var etti, mutlaka bana has bir güzellik verdi, ben bu güzelliğin ortaya çıkmasına niyet ediyorum, Allah'ın bana verdiği bütün güzelliklerimin ortaya çıkmasına niyet ediyorum, gören gözler ve işiten kulaklar için güzel ve özel olmaya niyet ediyorum."*

Esasen Venüs'ü iyileştirmenin en iyi ve kolay yolu yardıma muhtaç kız çocuklarına yardım etmek, yaş grubuna göre bezini, mamasını almak, sevgimizi derinden hissettirmek, belki okul masraflarını karşılamaktır. Venüs; genç kadınlarla, genç kızlarla ve kız çocuklarıyla yakından ilgilidir, kız evlatların yüzünü güldürenin yüzü güler, Venüs'ü iyileşir.

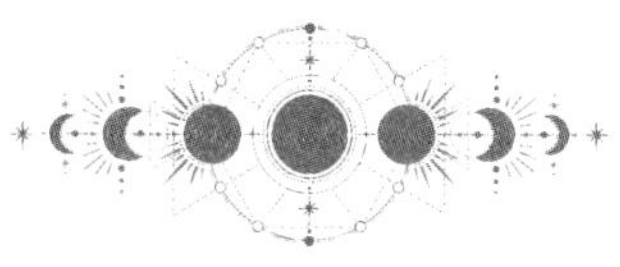

Ay'ın Kadınla İlişkisi

Ay öncelikli olarak kadınları ve vücut sıvılarını etkilemektedir, bununla birlikte Dünya üzerindeki her şeyle ilgili güçlü etkilere sahiptir. Her şeyin gizemli ve öngörülemez hale büründüğü yeniay zamanlarında da tabii ki daha dikkatli, sakin ve duyarlı olmakta fayda var. Yeniay ve dolunay zamanlarını meditasyonla ve ibadetle geçirmek en doğru seçim olur. Dikkatli beslenmek, dikkatli hareket etmek, yangına körükle gitmemek de öyle...

Ay fazlarını incelediğimizde yeniayın doğal afetler açısından daha riskli olduğunu görüyoruz çünkü Ay bu sırada Dünya'ya daha yakın duruyor. Yeniayda toprağa atılan tohumun, nasıl büyüyeceğini dolunay zamanında anlamış oluyoruz. Yeniay öngörülemez ve gizli bir enerji barındırır. Tıpkı bir spermin anne rahmine inmesi gibi... Tohum atılıyor ama neye dönüşeceği ancak dolunay zamanı belli oluyor.

Yeniaydan hemen önce yaklaşık iki buçuk günlük bir süreçte Ay iyice küçülür ve görünmez olur. Bu evre aslında tüm canlılar açısından bir kapanma ve yeniden doğuş dönemine işaret eder. Yeniaydan en az üç gün önce sosyal yoğunluktan biraz geri çekilip doğaya ayak uydurmak çok doğru bir seçim olur. Bu süreçte artık neyi geride bırakmamız gerektiğini düşünmek ve buna karar vermek çok değerli... Bedenimizden ve hayatımızdan neyi çıkarıp atmamız gerekiyorsa bunlarla yüzleşmenin tam zamanıdır bu süreç...

Doğa bu kadar tahrip edilmemişken ve doğal yaşam sağlıkla sürdürülürken sağlıklı kadınlar yeniay öncesi evrede regl olmaya hazırlanırlardı ve yeniay evresinde de kanarlardı. Ay ile aynı enerjide düzgün giden bir periyotları vardı. Elbette o dönemlerde de terslikler olduğu gözlemlenmekteydi ama genel döngü ve "mutlu rutin" bu şekildeydi.

Yeniay ile yenilenen şefkatli ve bereketli rahim, dolunay vakti bu bereketi en güçlü seviyesine çıkarır, böylece rahmin döllenme ihtimali, yani kadının hamile kalma olasılığı yükselir. Stresle birlikte bozulan mensturasyon periyodu, kadın hastalıklarının artması bize neyi izah ediyor aslında? Tabii ki kadının tam mutsuzluğa, kirli havaya, sağlıksız gıdalara, eril dünyaya ve güvensiz ilişkilere maruz kalıyor olmasının dramını...

Memnun edilmemiş bir bedene hapsolan kadın hiçbir açıdan bereketini ortaya koyamıyor. Bastırılan ve korkuyla büyümüş kadınların, "Rahim" yani Yaradan'ın şefkatli ve koruyucu sıfatını yeniden hatırlamaya ihtiyacı var. Doğum yapmış olsa da olmasa da her kadının yumurtlama döneminde içindeki bereketi hissetmesi ve buna şükran duyması çok önemli...

Canlılığın devam etmesi için muhtaç olunan iki şey var; birincisi doğurmak için kanayan bir rahim ve beslemek için süt akıtan meme... Bu ikisi, insanlığın yaşam kaynağıdır ve doğanın en kuvvetli yansımasıdır. Dünya üzerindeki isyanların ve tıkanmanın sebebi mutsuz edilmiş kadınlardır. Kadın doğanın bereketinin en kuvvetli ve özel yansımasıdır. Bu denli hassas ve kutsal bir varlığın asla incitilmemesi ve yalnız hissettirilmemesi gerekir.

Kadınların bu iki özel hali yeniayı ve dolunayı temsil eder. Kanayan ve yumurta veren bir rahim kadının yeniay evresidir. Kucağına alıp süt verdiği, meydana getirdiği yeşermiş tohumu olan evladı ise dolunay evresidir. Kadın doğursa da doğurmasa da Allah'ın bu hediyelerini ve kutsiyetini yaşamı boyunca taşır.

Allah'ın saf sevgi, şefkat ve nezaketinden yaratıldığını unutmamak ve O'nu incitmemek gerekir. Bazı kadınlar Ay gibi besleyici olmayı bırakıp Lilith gibi, yani karanlık Ay gibi yıkıcı olmayı benimsemiş olsalar da özüne sevgiyle döndürülen, gerçekten insan gibi sevilmiş tüm kadınların bağrı cennettir.

Eğer bir kadın olarak sevgisiz kaldıysan kendinde Allah'ın ruhuna üflediği hediyeleri uyandırma vakti gelmiştir. Bunun için en etkili yol esmalardır.

Ya Latif (nazik ve yumuşak davranan, yumuşaklıkla muamele eden)

Ya Rahim (bağışlayıcı, sevdiklerine merhamet eden, onlara nimet veren, koruyan, acıyan)

Ya Kuddüs (tertemiz, pak, kusurdan arınmış)

Ya Vedud (çok seven, çok sevilen)

Ya Hayy (diri olan, yaşayan)

Ya Bedii (örneksiz, modelsiz, örneği olmadan yaratılmış olan)

Lütfuyla veren letafet sahibi **Latif**, koruyucu şefkatli **Rahim**, sevilmeye layık **Vedud**, temizleyen arındıran kutsal **Kuddüs**, yaratan, var eden **Hayy** ve güzel olan güzeli yaratan **Bedii** olarak Allah, kadınlara kendi bu güzel sıfatlarından hediye edip yaradılışlarına nakşetmiştir.

Sevilmeyen, övülmeyen, kendini mutsuz ve yalnız hisseden kadınlar kaç yaşında olurlarsa olsunlar ibadetle ya da derin meditasyonla "Kadın olmanın tüm avantajlarını ve mutluluğunu talep ediyorum" diyerek bu kutsal isimlerin manasını da idrak ederek zikrederlerse muhakkak hayatlarına "İyi ki kadın yaratılmışım" diyecekleri güzellikleri çekmeye başlarlar.

Güzel hissetmenin özü temizlikten geçer. Bu yüzden önce öz bakım gerekir... Daha önce de söylediğim gibi gül kokularıyla duş alınmalı, vücuda gülyağları sürülmelidir.

Kanama döneminde ve hemen öncesinde kadınların psişik güçleri, sezgileri ve duyguları oldukça yoğundur. Ancak çoğunlukla bu dönem içsel huzursuzluk, yoğun duygusallık ve hormon baskısıyla tetiklendiği için içsesle, vesveseyi birbirinden ayırt etmek zor olabiliyor. Böyle zamanlarda gerçekten hamle yapmak, atağa geçmek yerine tam aksine geri çekilmek ve kadının öz prensiplerini ortaya çıkarmak gerekir. Yani temizlenmek, arınmak, yıkanmak, güzelleşmek, güzel kokular sürünmek, koruyucu ve şefkatli yönümüzü ortaya çıkaracak güzelliklerle meşgul olmak, örneğin bebek ya da hayvan gibi saf enerjileri sevmek, çiçek koklamak, doğaya yönelmek, sanatçı yönümüzü ortaya koymak...

Bir kadın bu özelliklerini aynı anda ortaya koyarsa ve devamlılığını sağlarsa aşkı da huzuru da hayatına yüksek bir frekansla çekecektir. Aksi düşünülemez bile. Bu dişil enerjinin uyanışıdır ve uyanmış bir dişilin gücü olmazları bile çeker. Ay, Dünya'dan çok kadınların uydusudur, bu bir gerçek. Ay nasılsa kadınlar da öyledir. Ay'ı takip eden bir kadın bedensel ve ruhsal olarak kendinin farkına varmış olur.

Güçlü dönüşümler, karanlık Ay fazında yani yeniaydan hemen önceki evrede yaşanır. Döngü başlamadan hemen önce ılık bir duş, rahatlatıcı ve sağlıklı içecekler, dua, ibadet ve dinlenme çok önemlidir. Bu sürecin karanlık fazında iyileşme ve yenilenme gerçekleşir. Nasıl ki rahmimiz eski ve artık hizmet etmeyen yumurtaları sıyırıp atıyorsa, bizim de hayatımızda yanlış giden şeyler üzerinde düşünmeye ve bunları bırakmaya niyet etmemiz gerekir.

Tutunduğumuz gerçeklerin, inançların, benliğimizin ve ilişkilerimizin temizlenerek yeniden yapılandığı an, bu andır. Yeniden başlamak ve faydalı olanı arzu davet edip, bize iyi gelecek olanı belirlemek için en doğru zamandır.

Döngünün gücünü düşün lütfen...

Her ay büyük devrimler yapabiliyorsun ama bedeninle hayat arasındaki uyum bozulduğu için mutsuz oluyorsun.

Şunu hep söyle kendine:

"Her ölen, başka bir formda yeniden doğuyor, gidenin yeri daha iyisiyle doluyor, her yıkılan düzen daha iyisini var ediyor ve ben her an daha da güzelleşip diriliyorum."

Metropol kadınlarının çoğu ne yazık ki menstrual döngünün aslında "yaşamı var etme ritüeli/döngüsü" olduğunu, dolayısıyla bu sürecin ruhani açıdan ne kadar önemli olduğunu unuttu.

Kadınlığını güçlü kılamadığımız sürece, ana kraliçesi olacağımız kovanı arayıp duran arılar gibiyizdir. Kadınlığımızı güçlendirmek ve dişil gücümüzü yeniden ele almak için Ay ile ruhsal bağlantımızı kurmak zorundayız.

Ay karanlık evredeyken geri çekil ve dinlen, atıp kurtulman gerekenleri belirle ve kararını ver. Kanasan da kanamasan da yeniay öncesi yeni kararlar al ve arınmaya niyet et. Sevdiğin kadınlarla paylaşımlar yap, güzel sofralar kur, biliyorsun ki bir arada uzun vakitler geçiren kadınların regl süreçleri de benzeşmeye başlar hayatları da. Kiminle hem dem olmak istediğini iyi seç ve ruhuna iyi gelen kadınlarla daha çok görüş. Araya kötü duyguların girmesine izin vermeden yardım et onlara. Yeniay vaktinden evvel dinlenmeye ve iyi beslenmeye özen göster, yeniay vaktinde ise uyu ve iyi dinlen. Sıra dolunaya gelince aç perdeleri ve dolunayın sana nüfuz etmesine izin ver, detoks yap.

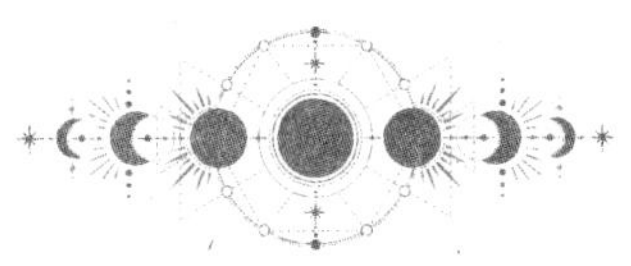

Ay'ı İyileştirme Çalışması
Şefkatin Gücü

Ay'ını iyileştirmek isteyen kişi öncelikle şefkat vermeye başlamalıdır. Şefkat vermeden, sevgiyi deneyimlemeden Ay iyileştirilemez. Mutlaka beslediği bitkiler, baktığı hayvanlar olmalıdır. Yardımlaştığı ya da şefkat alışverişi içinde bulunduğu insanlar olmalıdır hayatında. Üzerinde ay taşı ve inci taşıyarak da Ay'ını güçlendirmeye destek olabilir.

Annesinden çok zarar gören, sevgi ve şefkat alışverişinde sorunlar yaşayan kişi, eğer alerjisi yoksa pazartesi günleri yüzünü sütle ya da pirinç suyuyla yıkayabilir. Üzerinde taşıdığı ay taşını ve inciyi haftada bir kez sütle yıkayabilir. Her dolunay zamanında taşları şarj etmek üzere mutlaka ayın ışığını görecek şekilde bir yere bırakmalı...

Tabii ki niyeti ifade etmek de çok önemli:

> *"Allahım sen şefkatlisin, sen annemin rahminden bile daha şefkatlisin, hem rahman hem de rahim olansın, beni şefkatinle sar ve şefkatimi ortaya çıkarabilmem için bana güzel bir yaşam, güzel bir yuva nasip et."*

Ay'ını şifalandırmak isteyen kadın su tüketimine de özen göstermelidir. Bunu yaparken ödem tutmamaya da dikkat etmelidir. Alt baldırları hareket ettirecek şekilde egzersizler yapmalıdır. Mesela günde en az 30 dakika yürümelidir, adım atmalıdır. Alt baldırlarına masaj yapmalı, ayak bilekleri ve alt baldırları arasındaki dolaşımı kolaylaştırmalıdır. Ayak bakımına özen göstermelidir. Gülyağlarıyla veya sevdiği yağlarla ayak ve alt baldır bölgesine, ayak bileklerine masaj yaparak buraları çalıştırmalıdır.

Anne Olamayanlar İçin Dişil Gücü İyileştirme Çalışması

Çoğu kadın anne olmayı içten içe çok istediği halde buna kendini bir türlü hazır hissedemeyebiliyor. Bunun da temelinde kadının dişil gücüne küstürülmüş olması hatta dişil gücünden korkutulmuş olması var elbette. Anneliği içsel olarak çok istemesine rağmen, zihinsel olarak üstleneceği sorumluluklar ve yalnız bırakılacağını düşündüğü görevlerinden dolayı korkup çekiniyor, böylece hamileliğini ya erteliyor ya da reddediyor ve hamile kalamıyor.

Ay enerjisinin konularından mahrum bırakılmış kadınlarda bu sonuç çokça görülür. Peki neydi Ay enerjisinin konuları?

Şefkat, güven, beslenme, sevgi...

Bunlar kadının hayatında eksikse, hamile kalmakta zorlanır.

Ay enerjisini iyileştirmek isteyen kadın öncelikle üzerinde ay taşı ve inci taşları taşımalıdır. Taşlarını haftada bir kez sütle yıkanmalı ve her dolunayda, dolunay ışığında taşlarını şarj ederek kullanmalıdır.

Niyet ederken de taşlarını sol avucuna almalı, ağzına yaklaştırarak şöyle söylemelidir:

"Sizi şifalı ve hayırlı bir şekilde anne olmam adına bütün enerjimi çalıştırmanız üzere kodluyorum."

Mutlaka her pazartesi yüzünü de ya sütle ya da pirinç suyuyla yıkamalıdır. Yine pazartesi günleri mümkünse pilav yaparak ihtiyaç sahiplerine vermelidir. Bunu yapamıyorsa pazartesi günü beyaz renkli yiyeceklerden (ekmek, pirinç, süt, peynir vs.) de dağıtabilir ihtiyaç sahiplerine... Bu ritüeli hamile kalana kadar tekrarlaması gerekir.

Anne Olmak İsteyenler İçin Elmayla Çift Çalışması

Anne olmak isteyen kadın, eşiyle yedi gece boyunca kırmızı elma çalışması yapmalıdır, çok etkili ritüellerden biridir. Bir tane kırmızı elma seç, elmayı eline alıp kalbine götür ve *"Allahım sen bize çok hayırlı, faydalı, mutlu ve sağlıklı bir evlat nasip et"* diye niyet et. Sonrasında elmayı ikiye bölüp yarısını kendin ye, diğer yarısını eşine yedir. Tabii ki üzerine istediğin duaları da ekleyebilirsin. Hamile kalana kadar her pazartesi verdiğim çalışmaları yapmaya özen göster, ihmal etme, üşenme, erteleme... Zira aynı enerjiyle niyetlerin de ertelenir.

Üç tane beyaz renkli kuş biblosu alıp yatak odasında kendi başucuna koyabilirsin. Beyaz renkli kuşlar bulamıyorsan mümkün mertebe açık renkli olanlarına bak... Anne kuş, baba kuş ve bebek kuş sembolü çok kıymetlidir. Kuşları satın alırken de her birini anne, baba ve çocuk diye simgeleştirebilir, niyetini de buna göre edebilirsin. Kuşlara her baktığında güzel ve hayırlı bir evlat iste...

Bu çalışmaların hepsi birlikte yürütüldüğünde mutlaka hayırlı sonuçlar verir.

Her cuma günü pembe, açık yeşil, açık mavi, bebek mavisi renklerde giyinebilir ve kız çocuklarına yardım edebilir ya da bir kız çocuğunun bakımını üstlenebilirsin. Özellikle sevgi ve şefkat alamayanlar, ilişkilerinde mutlu olamayanlar, kız çocuklarına mutlaka yardım etmelilerdir. Hem de her cuma ve hiç aksatmadan...

"Mutsuzum, sevilmiyorum, istenmiyorum, güzel değilim!" diye yakınanların, kız çocuklarıyla ilgili ciddi şekilde harekete geçmeleri gerekir.

Bu süreçte mutlaka gül kokuları ve gülyağları kullanılmalıdır. Kulak arkalarına, bilek içlerine gülyağlarını sürerek sevgi enerjisini kendisine çekmeye niyet edebilir. Pembe, açık yeşil, açık mavi tonlarını hayatında artırmalı, özellikle cumaları giymelidir. Çift kalp sembolü de alınabilir ve yatak başucuna koyulabilir, etkili olacaktır.

"Hayatımda aşk yok, sevgi yok" diyenler de işe kız çocuklarına yardım ederek başlamalıdır. Her cuma bir kız çocuğuna yardım edilmelidir. Belki küçük bir hediye alınabilir, bir ihtiyacı karşılanabilir, belki derdi dinlenebilir, destek olunabilir, sohbet edilebilir. Kimin gücü neye yetiyorsa...

Unutma ki evrende her şey zıddıyla vardır. Eril ve dişil enerjinin dört elementle birleşebildiği bütün sistemler zenginliği, bolluğu ve bereketi beraberinde getirmiştir. Eril ve dişilin ortak yolculuğu, uyumu ve gücü, hayatın bütün zenginliklerinin kaynağını ortaya çıkartır.

Aynı şekilde el ele tutuşan ve hayat yolunu birlikte yürümeyi seçen kadın ve erkekler, mutlaka başarıya ulaşmışlardır ve örnek insanlar olarak gösterilmişlerdir. Potansiyelimizdeki bütün iyiliklerin, üretimin, desteğin uyanabilmesi için eril ve dişil enerjiyi denge içerisinde harekete geçirmek gerekir. Kadın eğer bir erkeği hayatına alarak ya da erkek bir kadını hayatına alarak yaşamındaki eril ve dişil dengeyi sağlayamıyorsa, kendi içindeki eril ve dişil dengelerin yönetimine yönelmelidir.

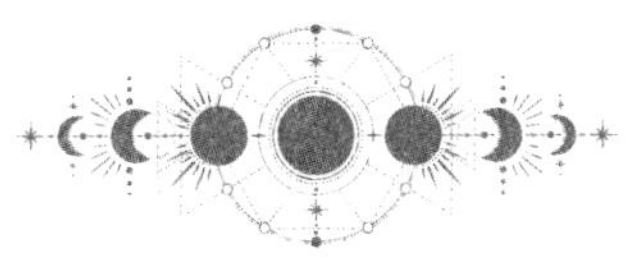

Günlerin Gizemi

Her günün kendi özel dinamikleri ve enerjileri vardır ve düzenli olarak çalışıp işler. Hayatımızda yaşadığımız sorunlara ya da ihtiyaç duyduğumuz desteğe göre günlerin enerjilerinden yararlanmamız, doğru çalışmalarla her günün desteğini almamız mümkün. Günlerin enerjileri ve çalışma disiplinleri, iyileştiricidir. O günün dinamiklerine göre bilinçli bir eylemler dizisi oluşturabildiğimizde sonuçlarını almaya başlarız.

Haftanın yedi günü vardır ve her günün bir yönetici gezegeni bulunur. Pazartesi gününün duygularla ilgisi vardır. Salı günü dürtülerle ilgilidir. Çarşamba gününün akılla, perşembe gününün ise bereketle ve ilimle ilgisi vardır. Cuma günü sevgiyle ve sanatla ilgiliyken cumartesi günü kurallarla ve sorumluluklarla ilgilidir. Pazar günü parlamakla, kendini şarj etmekle ilgilidir.

Peki bu durumda, günlerin kendilerine özgü enerjilerini ve çalışma dinamiklerini nasıl değerlendirmemiz gerekir, günlerin enerjilerinden nasıl yararlanabiliriz?

Şimdi her günün kendine özgü gizemlerinden ve gücünden söz edeceğim. Buna göre hangi gün neler yapmak gerektiği hakkında da bilgi vereceğim.

Pazartesi

Haritamızdaki Ay'ı şifalandırmak için:

Yeniayda doğanlar, dolunayda doğanlar, Ay'ı Akrep ya da Oğlak burcunda olanlar ile, Ay'ı 12 ya da 8. evinde olanlar pazartesi gününü özellikle değerlendirmelidirler. Herhangi bir ayın 2/11/7/16/25'inci günlerinde doğmuş olanlar dikkate almalı.

Astrolojik olarak bakıldığında pazartesi günü Ay günüdür. Duygular ve hormonlar bugün çok hareketlidir. Ay anneliğe, dişiliğe ve kadınlığa atfedildiğinden, anneyle, dişilikle, şefkat alıp vermekle ilgili sorunları pazartesi gününde iyileştirmek daha mümkün ve daha etkilidir.

Pazartesi gününün yönetici gezegeni Ay'dır. Dolayısıyla kadınları temsil eder. Anaç kişiler, koruyucu insanlar, aile birlikleri, aileyi destekleyen ve koruyan sektörler bugünün çalışma konusu sayılırlar.

Anneyle bağ kuramayanlar, anne olamayanlar, duygusal olarak kendini güvende hissetmeyenler, sevgilisi olan ama aile kuramayan, ev alamayan, köklenemeyen, evlenemeyen, yuva enerjisi bulamayan kişiler pazartesi günleri beyaz renkli yiyeceklerle ihtiyacı olana yardım etmelidir.

Ay, olgun kadınları temsil ettiğinden yardım etmek için de ihtiyaç sahibi olan annelere ya da olgun kadınlara yönelmek daha doğru olur. Kocası tarafından terk edilmiş, çocuğuyla yalnız kalmış kadınlara yardımcı olabilir, ihtiyaçlarıyla ilgilenebilirsin.

Pazartesi gününün rengi beyaz olduğundan pirinç, beyaz fasulye, şeker, un, tuz gibi beyaz renkli yiyeceklerden oluşan bir yardım paketi hazırlamalılardır.

Pazartesi gününün sayısı 2 olduğundan 2 pazartesi günü bu yardımlar yapılmalıdır. Ay faktöründen dolayı köpekler de ihmal edilmemeli, köpeklerin karınları doyurulmalı, tedavi ihtiyaçları karşılanmalıdır.

Kişi kendisinde neyin eksik olduğunu düşünüyorsa, bu eksikliğini tamamlayacak olan enerjilere sahip insanlarla görüşmelidir.

Mesela bir aile hayatı arzuluyorsa, mutlu çiftlerle, mutlu ailelerle daha sık görüşmelidir. Bekârlar sadece bekâr ve yalnız insanlarla görüştükçe yaşamlarında da yalnızlık yaratırlar. Unutma ki insan izlediğini var eder, izlediğini yaşar. Yuva isteyen yuva sahibi mutlu insanları izlemeli, onlarla daha çok bir arada olmalıdır.

Pazartesi gününün esmaları:

Ya Rauf (şefkat ve merhamet sahibi)

Ya Rahim (bağışlayıcı, sevdiklerine merhamet eden, onlara nimet veren, koruyan, acıyan)

Ya Rahman (şefkat ve merhamet eden, acıyan)

Bu esmalar duygusal güvence ihtiyacını gerçekten iyileştiren kutsal isimlerdir, aynı zamanda Yengeç burcunun da özel esmalarıdır.

Salı

Haritamızdaki Mars'ı şifalandırmak için:

Mars'ın günüdür. Mars'ı Retro olanlar, Mars'ı Boğa, Terazi ya da Yengeç burcunda olanlar, Mars'ı 16'ncı, 8'inci ve 1'inci evine düşenler herhangi bir ayın 4/22/31/16/13'üncü günlerinde doğmuş olanlar salı günlerini muhakkak değerlendirmelidir.

Ayrıca hayatında musibetleri hiç eksik olmayanlar, kavga gürültüsü bol bir hayat yaşayanlar, hayatında aksiyon alamayanlar, harekete geçmek istedikleri hiçbir konuda eylem planı yapamayanlar, cesaret bulamayanlar da salı gününün enerjisinden faydalanabilirler.

Bugün genç erkeklere ve erkek çocuklarına yardım etmek çok hayırlıdır. Salının rengi kırmızı olduğu için kan vermek çok etkili bir çalışma olacaktır. Çatışmaların her türlüsünden, kazalardan ve kötü enerjilerden korunmak adına kök çakrayı iyileştirmek esas olduğundan, kırmızı renkli yiyecekler alıp ihtiyaç sahiplerine vermek de hayırlı bir çalışmadır. Domates, salça, kiraz, çilek gibi kırmızı renkli yiyeceklerden bir paket hazırlayabilirsin.

Salı gününün sayısı 9 olduğu için 9 salı boyunca bu yardımları gerçekleştirebilirsin. Elbette hepsini bir salı günü içinde yapmak zorunda değilsin. İlk salı kan verebilirsin, sonraki salı domates ya da salça verebilirsin... 9 salı boyunca kırmızı renkli yiyecekleri ihtiyaç sahiplerine dağıtmaya devam edebilirsin.

Harekete geçme ve mücadeleye girişme enerjisine ihtiyaç duyuyorsan, belalardan ve musibetlerden korunmak istiyorsan salı günlerinde yapacağın bu çalışmaların çok büyük faydasını göreceksindir. Kök çakrayı çalıştırmak yani topraklanmak önemli olduğundan toprakla temas etmen de çok yerinde olur. Çıplak ayakla doğada yürüme fırsatı bulamıyorsan bile, evdeki bitkilerinin bakımıyla, topraklarını tazeleme işlemleriyle uğraşmayı deneyebilirsin.

Salı gününün esmaları:

Ya Fettah (iyilik kapılarını açan, anlaşmazlıkların hakemliğini yapmak suretiyle adaleti gerçekleştiren, açıklığa kavuşturan)

Ya Alim

Çarşamba

Haritamızdaki Merkür'ü şifalandırmak için:

Merkür günüdür. Merkür'ü Retro olanlar, Merkür'ü Yay ya da Balık burcunda olanlar ve Merkür'ü 12'nci evde olanlar herhangi bir ayın 1/10/19/24/6/15'inci gününde doğanlar çarşamba gününün enerjisinden faydalanmalıdırlar.

Ayrıca işlerini bir türlü yoluna koyamayanlar, eğitim hayatları kötü gidenler de bugünün enerjisinden faydalanabilirler. Merkür, iş, eğitim ve iletişim konularını kapsadığından bu alanlarda sorunlar yaşayanlar çarşamba gününe odaklanabilirler. Kendisini ifade edemediğini düşünenler, iletişim sorunu yaşayanlar, ilişkilerde iletişim sorunu olanlar çarşamba gününün enerjisinden destek almalıdır.

Sabah erken kalkmak, harekete geçmek, güneş doğarken uyanıp dua etmek çok iyi gelecektir. Özellikle öğrencilere yardımda bulunmak, onlara destek olmak, onların ihtiyaçlarını karşılamak, bir dertlerini çözmek, belki bir kitap hediye etmek bile çarşamba gününün destekleyici enerjisi güçlü biçimde çalıştıracaktır.

Sınavlarında başarılı olamayan ya da okuma zorluğu çeken öğrenciler çarşamba günü erken saatlerde uyanıp günü karşılayabilir, dua edebilir. Tıkandığı alanlarda açılabilmeye niyet ederek üzerinde bir anahtar sembolü taşıyabilir.

İletişim sorunu yaşayanlar da anahtar sembolü kullanabilirler, sembole her baktıklarında iletişimle ilgili dertlerinin çözülmesine niyet edebilirler.

Çarşamba günü erkek çocuklarına yardım edilmelidir. Çarşambanın sayısı 5 olduğundan 5 çarşamba boyunca, öğrencilere yardım eli uzatılmalıdır. Buğday, mısır, bulgur gibi sarı renkli yiyeceklerden bir paket yapılarak öğrenci okutan ihtiyaç sahiplerine yardım edilebilir.

Çarşamba gününün esmaları:

Ya Alim (ilmiyle her şeyi kuşatan)

Es Semi (duyan, gizli olanı layıkıyla bilen)

El Basir (gizli ve açık her şeyi gören)

Perşembe

Haritamızdaki Jüpiter'i şifalandırmak için:

Bolluk ve bereket gezegeni olan Jüpiter'in günüdür. Jüpiter'i Retro olanlar, Jüpiter'i Başak, İkizler, Oğlak burcunda olanlar ve Jüpiter'i 12'nci ya da 6'ncı evinde olanlar ya da herhangi bir ayın 10/14/20'nci günü doğanlar perşembe gününün enerjisinden mutlaka faydalanmalıdır.

Ayrıca ekonomik sorunlar yaşayanlar, kıt kanaat geçinenler, işi gücü rast gitmeyenler mutlaka perşembe gününün enerjisinden desek almalılardır. Perşembe günü şans, bolluk, bereket günüdür.

Bugün mutlaka ihtiyaç sahiplerine yardım edilmeli, kişilere ve olaylara bilgelikle yaklaşılmalı, karnı aç olan doyurulmalıdır. Perşembe günü üniversite öğrencilerine ve yolculara özellikle yardım edilmeli, bir ihtiyaçları giderilmeli, dertleri dinlenmeli ve çözüme ulaştırılmalıdır.

Perşembe gününün sayısı 5 ve 7 olduğundan 5 perşembe ya da 7 perşembe boyunca, buğday, mısır, makarna, limon gibi sarı renkli yiyeceklerden bir paket hazırlanarak ihtiyacı olana verilmelidir.

Perşembe gününün esmaları:

Ya Alim (ilmiyle her şeyi kuşatan)

Ya Fettah (iyilik kapılarını açan, anlaşmazlıkların hakemliğini yapmak suretiyle adaleti gerçekleştiren, açıklığa kavuşturan)

Ya Muğni (zenginlik verip tatmin eden)

Cuma

Haritamızdaki Venüs'ü şifalandırmak için:

Venüs'ün günüdür ve ilişkilerle ilgilidir. Venüs'ü Akrep'te ya da Koç'ta olanlar, Venüs'ü Retro olanlar ve Venüs'ü 12'nci evde olanlar ya da yanık olanlar ya da herhangi bir ayın 3/30/5/14/12/21'inci günlerinde doğanlar cuma gününün enerjisinden mutlaka faydalanmalılardır.

Ayrıca ilişkilerinde sorun yaşayanlar, ilişki kuramayanlar, ilişkisini ilerletemeyenler, tıkananlar, ilişkisinde mutluluğa ve huzura eremeyenler de cuma gününün enerjisinden destek alabilirler.

Cuma günleri yeşil, açık ve mavi renkler giyinmek, güzel kokular sürünmek bu enerjiyi gayet verimli çalıştıracaktır.

Venüs kız çocuklarıyla ilgili olduğundan kız çocuklarına yardım etmek çok daha hayırlı ve etkili olacaktır. Sevilmiyor olmaktan şikâyet edenlerin mutlaka bir kız çocuğunu sevindirmeleri gerekir.

Cuma gününün sayısı 6 olduğundan 6 cuma boyunca yeşil renkli yiyeceklerden bir paket hazırlanabilir ve ihtiyaç sahiplerine verilebilir. Ayrıca cuma günleri kedilere yardım etmek gerekir. Karınları doyurulabilir, tedavi ihtiyaçları karşılanabilir.

Cuma gününün esmaları:

Ya Vedud (çok seven, çok sevilen)

Ya Latif (nazik ve yumuşak davranan, yumuşaklıkla muamele eden)

Ya Bedii (örneksiz, modelsiz, örneği olmadan yaratılmış olan)

Cumartesi

Haritamızdaki Satürn'ü şifalandırmak için:

Satürn'ün günüdür, yani sorumlulukların ve kuralların günü... Satürn'ü Retro olanlar, Satürn'ü Yengeç, Aslan ve Koç burcunda olanlar, Satürn'ü 12'nci, 6'ncı ya da 8'inci evde olanlar ya da herhangi bir ayın 21/15/24'üncü günlerinde doğanlar cumartesi gününün enerjisinden mutlaka faydalanmalılardır.

Hayata kök salamayanlar, bir işte ya da düzen içinde köklenemeyenler, ebeveynlerini erken kaybetmiş olanlar, düzen kurmakta zorlananlar, istikrar yakalayamayanlar, baba travması olanlar, hayatının kontrolünü eline alamayanlar, otorite kurmakta ya da liderlik etmekte zorlananlar da cumartesi gününün enerjisine odaklanabilirler.

Cumartesi gününün sayısı 8 olduğundan 8 cumartesi boyunca yaşlılara yardım etmek çok hayırlı olacaktır. Bir yaşlının gönlünü almak, bakımına yardımcı olmak, ilaçlarını temin etmek ya da saatinde almasını sağlamak, hatta bir yaşlıya kitap okumak bile cumartesi günün enerjisini destekleyip çalıştıracaktır.

Ayrıca kahverengi ya da siyah renkli yiyeceklerden (zeytin, kestane, çekirdek, kahve vs.) bir paket hazırlanabilir ve ihtiyaç sahiplerine dağıtılabilir.

Cumartesi gününün esmaları:

Satürn ağır bir gezegen olduğundan ve hayatımızdaki öğretmen olarak öğrenene kadar bize dersimizi veren bir gezegen olduğundan bu ağır enerjisini hafifletecek, açacak esmalar tercih edilmelidir.

El Basıt (rızkı genişleten, lütuf ve kereminden esirgemeyen, ruhları bedenlerine yayan)

Es Selam (bedensel ve ruhsal hastalıktan, eksiklikten ve kusurlardan uzak olan)

Pazar

Haritamızdaki Güneş'i şifalandırmak için:

Güneşin günüdür. Güneşi Kova'da ya da Terazi burcunda olanlar, Güneş'i 12'nci, 6'ncı ve 8'inci evinde olanlar ve herhangi bir ayın 8/19/26/17'sinde doğanlar pazar gününün enerjisini mutlaka değerlendirmelilerdir.

Güneş astroloji haritalarımızda babamızı, otorite erkekleri, kendi parlaklığımızı, özgüvenimizi, egomuzu ve bilincimizi temsil eder. Bilinç ve farkındalık geliştirmek için pazar gününü iyi değerlendirmek gerekir. Özgüven sorunu yaşayanlar, babayla, eşle, erkek kardeşle, ağabeyle ve otorite olan erkek figürlerle problem yaşayanlar, pazar günleri erkek çocuklarına yardım etmelidir.

Pazar gününün sayısı 1 ve 4 olduğundan 4 pazar boyunca erkek çocuklarına yardım edilmeli ve sarı renkli yiyeceklerden (limon, makarna, mısır, buğday vs.) bir paket hazırlanıp ihtiyaç sahiplerine verilmelidir.

Ayrıca parlamak isteyen, özgüvenini güçlendirmek isteyenler güneşin enerjisini iyi kullanmalı. Erken kalkıp güneşin doğuşu izlenebilir. Güneşle şarj olmak çok etkilidir. Güneşin parlak ve güçlü ışığının enerjisine bürünerek parlamaya niyet edip güneşi izlemek çok faydalı olacaktır.

Pazar günü sarı renkli giyinmek ve küçücük de olsa bir altın aksesuvar taşımak güneşin kapsayıcı enerjisini oldukça etkili biçimde çalıştıracaktır.

Pazar gününün esmaları:

Ya Muhyi (yaşatan, dirilten, can veren, ihya eden)

Ya Nur (aydınlık, ışık)

Ya Bedii (örneksiz, modelsiz, örneği olmadan yaratılmış olan)

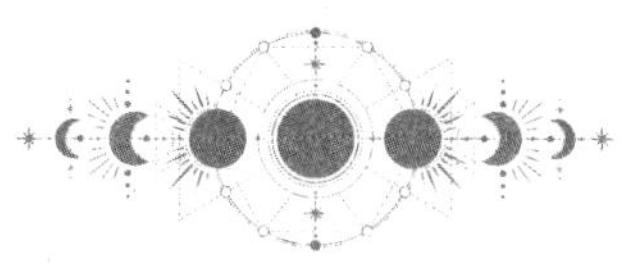

Her Burç, Sorunları Farklı Yoldan Çözer
Burçlara Göre Sıkıntılardan Kurtulmanın Yolları

KOÇ: Koç burcu Zodyak'ın ilk burcudur, bahar onunla başlar hayat onunla yeşerir. Yani Koç burcu bir şeyleri başlatmakla ilgilenir ve başlatmak elbette kolay bir iş değildir. Bunun için savaşçı bir ruha sahip olmak gerekir. Mars'ın verdiği güçlü enerji Koç'ta hayli can bulur ama Mars enerjisini bazen öfkeyle ve sabırsızlıkla ortaya çıkaran Koç'lar, öfkelerini yenmek, sabırsızlıklarını dengelemek zorunda kalırlar. Koç'lar öfke enerjilerini yaratıcı ve girişimci bir enerjiye dönüştürerek başarıdan başarıya koşmak için gelmişlerdir dünyaya.

Onlar her işte lider, öncü ve başlatıcıdır. Elbette onların da zor zamanları olur ancak burcunun temel niteliklerine ve burcunun yaşam içindeki potansiyeline göre neler yapması gerektiğini, hangi manevi çalışmalardan tam destek alabileceğini bilenler, zorlukları kolayca aşabilirler.

Koç burcu eril bir burçtur yani erkeksi enerjisi güçlüdür, ayrıca Mars tarafından yönetilir. Güneş, Koç burcunu çok sever. Ateş elementi oluşu, Koç burcunu birazcık ateş parçası yapar haliyle. Ateşi yüksek bir burç olduğundan, öfke enerjisi de güçlü ve yakıcı olabiliyor çoğu zaman. Bu sebepten dolayı zor durumlarla karşı karşıya kalabilir ve öfkesi yüzünden zorlukların şiddetini daha fazla artırabilir.

Su ateş elementini hızla dengeleyen bir elementtir ama takdir edersin ki çok kızmış bir camı bile soğuk suya attığında patlar.

Bu yüzden önce toprağa değmelidir. Bir Koç insanı zor günlerden geçiyorsa, su ve toprak elementiyle aynı anda ilgilenmelidir. Mesela mutlaka toprağa temas edebildiği doğa yürüyüşleri yapmaya başlamalıdır, bahçe işleriyle, çiçek beslemekle uğraşmalıdır, ağaçlara sıklıkla dokunmalıdır, bolca çiçek koklamalıdır, hiç kendisine uygun bulmasa bile toprakla ve doğayla fazlasıyla yakın olmaya özen göstermelidir.

Toprakla yakınlaşırken suyla da temas etmeye başlayabilir. Sıvı tüketimine dikkat etmeli, bol su içmelidir. Öfkesini ve enerjisini dışarı atabilmek için sporla ilgilenmelidir. Doğuştan sporcu olan Koç insanı, ok kullanabileceği sporlarla ilgilenebilir, dövüş sporlarına odaklanabilir, hiçbirini yapmak istemezse düzenli olarak yürümeyi tercih edebilir. Böylece güçlü enerjisini doğru biçimde kullanmaya başlamış olacaktır.

Rekabetten beslenen bir Mars insanı olarak Koç'lar, neyle rekabet ettiğini iyi seçmelidir. Yüksek enerjisini ve rekabetçiliğini, kendini olduğundan daha iyi bir insana dönüştürmek üzere kullanmaya başlarsa en akıllıca kararı vermiş olur.

Koç insanı, adaçayını ve tarçını etrafında bolca bulundurmalı, evini düzenli olarak tütsülemelidir.

Ya Fettah ve Ya Selam esmalarını birlikte zikretmeli ve zor zamanlardan geçerken bu iki esmadan destek almalıdır.

Kendini iyi hissedene kadar vereceğim niyeti de tekrar edebilir:

Gerçekler, zaman algısı, yıkımlar ve sevgiyle, huzurla, sağlıkla, kolaylıkla yapılanmalar... Var olan her şeyin, tüm sistemin yaratıcısı olan Allah... Diri ve hayat sahibi yaratan... Ya Hayy, Ya Halik... Cömert ve merhametli olan... Ya Kerim, Ya Rahman, Ya Rauf, Ya Rahim... Senden bilinmez sırlı isimlerin ve hayret verici faaliyetlerin hatırına istiyorum.

Ey sonsuz kaynak...

Göksel âlemlerde her şey oldu bitti, kalem yazdı mürekkep kurudu. Allah olmazları oldurdu, yüce Allahım senden hayatıma darlık veren tüm kederleri şimdi zaman ve mekân algısından beri ve ayrı şekilde yeniden yapılandırmanı talep ediyorum.

Şu anda beni üzen tüm hüzünlerin sebebi olan hatalarımın veya hatalarımdan beri gelen hataların affını talep ediyorum. Bana içeriden ya da dışarıdan tesir eden tüm alevli ateşli yakıcı ve yıkıcı enerjileri senin nurun ve ışığına, kaynaklarına iade ediyorum.

Senden hayatıma bolluk, neşe, yaşam enerjisi, sevgi, iyilik, güzellik huzur talep ediyorum. Şimdi şu andan itibaren senden ne istersem bana hepsini, üzerine sağlık, huzur ve mutluluk ekleyerek ver. Bugüne kadar senden yanlış olan ne talepte bulunduysam onların hepsini üzerine sağlık, huzur, mutluluk ekleyerek düzenle, sen olmazları oldurursun.

Şimdi şu andan itibaren ana soyumdan ve baba soyumdan, bütün dedelerimin ve ninelerimin, kadın ve erkek bütün atalarımın işlemiş oldukları büyük günahları için, onlar adına senden af diliyorum. Ben ağacın dalları üzerinde, en uçta duran en küçük çiçeğim. Ağacın kökünden gelen sorunların, aile soyundan gelen sorunların bana ve benden sonraki zürriyetimi etki etmesinden sana sığınıyorum. Lütfen bağışlayıcı ve rahman sıfatınla yaklaş bana.

Binlerce şükür ve hamt sana olsun.

Bu çalışmayı iyi hissedene kadar yapmaya karar veren bir Koç insanı, sabah 3, öğlen 6, akşam 9 olmak üzere tekrarlamaya devam ederse, etkisini hızla görecektir. 3 günün ardından bir gün ara verebilir, sonra 6 gün boyunca tekrar edip yine bir gün ara vererek 9 gün uygularsa, büyük destek görecektir.

Söyleyerek ve yazarak bu tekrarı bir alışkanlık haline getirenlerse kendisine göksel korumaların verildiğinden ve güçlü bir zırh tarafından korunduğundan emin olabilir.

Bu okumadan sonra Ya Fettah ve Ya Selam esmalarına ve anlamlarına odaklanarak yarım saat zikretmek de büyük güvence, koruma ve destek sağlayacaktır.

Sağlık sorunu ve iş sorunu yaşayan Koç insanı, hastalara yardımcı olmaya odaklanmalıdır. Yaşam enerjisi ve neşesi olmayanlar çocuklara yardım edebilirler, onları sevindirebilirler, çocukların bir sorununu çözebilirler.

Umutsuz olan ve başarı isteyen bir Koç insanı, öğrencilere ve eğitim kurumlarına yardım etmeye odaklanabilir. Göksel açıdan şifası buradadır.

BOĞA: Burçlar arasında huzuru en sevenlerden biridir Boğa... Doğduğunda doğanın bahar mevsimi en güzel haliyle sabitlenmişti ne de olsa. Bu yüzden Boğa'nın sesi de, yüzü de, huyu da, suyu da güzeldir.

Ama bazen sabittir, inatçıdır, fazla kararlıdır... Bazen kendi hayrı için bile inadından vazgeçmez, zalim gibi görünen bir havaya bürünebilir. Bu onun sabit bir burç olmasından ve bazen de Venüs'ün gölge yönlerini kullanmasından kaynaklanır.

Boğa burcu dişil bir burçtur ve Venüs tarafından yönetilir, elementi de topraktır. Bu nitelik onu sağlam ve güvenilir biri yapar ancak bazen de katı, takıntılı ve inatçı birine dönüştürür.

Genellikle bereketiyle dünyaya gelir Boğa insanı... Kendi istediği sürece zor zamanları kolaylıkla atlatmasını bilir. Onun zorlukları aşabilmesi için en önemli kriteri, konfor alanından taviz vermeyi bilmemesidir. Sıkı sıkıya tutunduğu şeyler yüzünden zor durumda kalabilir.

2018 yılıyla birlikte Uranüs'le tanışan Boğa insanının hayatı çok değişti. Yaşamın tekdüze bir deneyim olmadığını, sarsıntılarla dolu olduğunu, kendisinin de kökleri olan bir ağaç olmadığını, gerektiğinde yerini değiştirmek zorunda kalabileceğini öğrendi. Kendini aşmak adına bilmediği çok şeyle tanışmış oldu, hatta neredeyse doğasına aykırı olarak bir filozofa bile dönüştü.

Boğa insanı zor durumda kaldığında, kendisine iyi gelen şeylerle süreci kolaylaştırmalıdır. Mesela yemek pişirmek, mutfakta daha fazla zaman geçirmek, sanatla uğraşmak, bahçe işleriyle uğraşmak Boğa insanına iyi gelecektir. Ancak bu tür uygulamalar onu her zaman ilerletmeyebilir. İşte o zaman Mars'ın ve Uranüs'ün temsil ettiği konulara yönelmelidir.

Peki Mars'ın ve Uranüs'ün temsil ettiği konular nelerdir?

Tabii ki hareket... Spor yapmak, yürüyüş yapmak, özgürlüğü ve hareketi kabul etmek, bulunduğu noktada sabit kalmakta inat etmemek, yenilenmek, yenilemek önemli seçimlerdir Boğa insanı için. Saç stilini değiştirebilir, giyim kuşamında yeniliğe gidebilir... Asla taviz veremeyeceği güvenli ortamını oluşturmuşsa eğer, bu alanda da korkmadan cesurca özgürleşebilmeyi deneyimlemeli...

Boğa burcu insanına yeşil, pembe, mavi renkler giyinmek, çiçekli detaylar kullanmak, mis gibi kokular sürünmek güçlü bir enerji verecektir. Ayrıca gül kokusunu ve çiçek kokularını hayatından hiç eksik etmemelidir. Onun şifası çiçeklerde ve doğadadır. Sıkça gülsuları ve gülyağları kullanmalıdır, evinde de gül tütsüleri yapmalıdır.

Sağlıkla ilgili sorunlar yaşayan Boğa insanı, kesinlikle kan değerlerine baktırmalı, kan değerlerini hep kontrol altında tutmalıdır. Başına ve ayaklarına bolca masaj yapmalı, mutlaka harekete geçmeli, hareketli bir hayatı benimsemelidir. Kilosuna dikkat etmelidir.

Hayatında neşe bulamıyorsa eğer, sevgiyi derinden hissedemiyorsa özellikle çiftçilikle ve tarımla uğraşan insanlara destek vermelidir. Boğa'nın göksel açıdan konumu bunu gerektirir. Emekçiye, işçiye, emeğiyle topraktan veya işçilikten para kazanan insanlara el uzatmalıdır. Eğer kendini yeterince başarılı bulmuyorsa, açılamıyorsa, istediği ünü, şöhreti ve başarıyı yakalayamıyorsa, tabii ki yine toprağa temas etmeli, tarım işçilerine yardım etmelidir. Bunun dışında gönüllü olarak devlet kurumlarında koruma altına alınmış çocuklara ya da yaşlılara yardım edebilir. Bunlar Boğa insanının iyileşmesi ve büyümesi için gerçekten yaşamsal görevleri arasında bulunmaktadır.

Ya Ganiy ve Ya Muğni esmaları, Boğa insanına çok iyi gelir. Bu esmaların anlamlarına da odaklanarak inançla kendi içine dönüp dualarını ve zikrini yaptığında hepsinin büyük faydasını görecektir.

Aşağıdaki manevi çalışmayı kendini iyi hissedene kadar tekrarlaması da hayatına büyük ferahlama, kolaylık ve çözüm getirecektir.

Gerçekler, zaman algısı, yıkımlar ve yapılanmalar... Var olan her şeyin, tüm sistemin yaratıcısı olan Allah, diri ve hayat sahibi yaratan Ya Hayy, Ya Halik... Cömert ve merhametli olan Ya Kerim, Ya Rahman, Ya Rauf, Ya Rahim... Senden bilinmez sırlı isimlerin ve hayret verici faaliyetlerin hatırına istiyorum, Ey sonsuz kaynak.

Göksel âlemlerde her şey oldu bitti, kalem yazdı mürekkep kurudu, Allah olmazları oldurdu. Yüce Allahım senden hayatıma darlık veren tüm kederleri şimdi zaman ve mekân algısından beri ve ayrı şekilde yeniden yapılandırmanı talep ediyorum.

Gerçek zaman, mekân Ya Musavvir ve Bari... Şimdi şu andan itibaren kendi değerimi maddeyle ölçmeyi, maddi gücümü ruhsal gücümle birbirine karıştırmayı bırakıyorum. Allahım sen bana başka hiçbir şeye ihtiyaç duymayacak şekilde nurunla öyle bir nüfuz et ki ben her an her halimle kendimi güvende ve huzurlu hissedebileyim.

Gerçek zaman, mekân Ya Musavvir ve Bari... Eğer ana ve baba soyumdan, dede ve ninelerimden, kadın ve erkek atalarımdan hak yiyen, senin hukukuna ve sistemine saygısızlık eden, doğaya zarar veren, insanların hakkını alan birileri varsa şimdi ben ağacın ucundaki son çiçek olarak onların affını senden talep ediyorum. Allahım ağacın kökünden gelen zehri yapraklara, dallara ve çiçeklere ulaştırma sakın. Nurunla ve şifanla soyağacımı şifalandır, ben ve benden sonra doğacak olanları bu kaderden münezzeh kıl, tenzih et ve koru.

Gerçek zaman, mekân Musavvir ve Bari... Ben ve atalarım adına işlenmiş olan tüm günahlar ve senin evrensel yasalarına ve sistemine karşı işlenmiş tüm suçlar için af diliyorum, affet. Ben de kendimi affediyorum şimdi ve tüm zamanlara doğru...

Gerçek zaman, mekân Musavvir ve Bari...

Yardım ve destek dileyen Boğa insanı, sabah 3, öğlen 6, akşam 9 kez olmak üzere 3 gün boyunca bu duayı yaptıktan sonra bir gün ara verip arkasından 6 gün daha tekrar edebilir, yine bir gün ara verip üzerine 9 gün daha bu duaya devam edebilir. Bu duayı söyleyerek ve yazarak sürdürmeyi bir alışkanlığa dönüştürürse kendisine göksel koruma ve güçlü bir zırh edinmiş olur.

Bu okumadan sonra Ya Ganiy ve Ya Muğni esmalarının anlamlarına odaklanarak yarım saat esmaları tekrarlaması, dualarını güvence altına alacaktır.

İKİZLER: İkizler, insanla sembolize edilen ilk burçtur. Ayağa kalkmak, harekete geçmek, merak duygusunu gidermek, zekâyı güçlü şekilde ortaya koymak, İkizler burcuyla ilgilidir. İkizler burcu sabit bir etkide yaşamaz, şartlara uyum sağlamayı bilir, son derece esnektir ve değişkendir. Çünkü İkizler insanı, uzun bir bahar dönemini yaza hazırlamak için gelmiştir dünyaya. Nasıl ki mayıs sonu haziran ayı boyunca havalar bazen ılık, bazen serin, bazen sıcak hissediliyorsa, İkizler insanı da ılımanlaştırıcı görevinden dolayı çok sıcakkanlı, gergin ya da çok soğukkanlı olabilir. Davranışları sıklıkla değişebilir, bağ kurmakta ve olayların içine derinlemesine dalmakta zorlanabilir. Bunlar eleştirilecek yönleri değildir, onun olduğu halidir, yapısıdır ve bu yüzden de kabul gerektirir.

İkizler insanı, dünyada zekâsını işletmek, haberleşmeyi sağlamak, pratik çözümler sunmak için bulunmaktadır. Meselelere her ne kadar yüzeysel bakmak istese de, İkizler burcu insanı da zaman zaman ruhsal dalgalanmalar yaşar.

Düaliteyi temsil eden İkizler insanı, yaşadığı ikilemler nedeniyle kafasının karışmasından dolayı bazen dengesiz davranışlara sürüklenebilir. İki şeyi aynı anda isteyebilir ya da karar verme sorunu yaşayabilir. Duygusal dalgalanmalarla baş edemediği zamanlarda, dengeye ihtiyacı vardır. Öncelikle fikirlerinde ve hareketlerinde özgür olabileceği bir ortama kavuşması çok önemlidir, eğer kendini kötü hissediyorsa yazmayı deneyebilir ya da sıkıldığı işleri yaparken kendisine normalden biraz daha uzun bir zaman tanıyabilir. Yani sıkıldığı işleri her gün belki yarım saat daha fazla yapmayı deneyerek, sabrını artırabilir ki bu çalışma onun açısından çok faydalı ve kıymetli olur.

Yazarak, konuşarak ya da kendisini dinleyecek birilerini bularak düşüncelerini dengeleyebilir. Eğer bu da mümkün değilse, sesini kaydedebilir, sonrasında kendi sesini dinleyerek aslında nelere kızdığını, kendini nerede çıkmaza soktuğunu tespit edebilir.

Konuşma, dinleme, anlama, yazma gibi eylemler İkizler insanının doğasında fazlasıyla etkin ve güçlü eylemlerdir. Bu eylemler onun hem şifası hem de yaşam yolundaki en önemli becerileridir.

Sıkıldığında güzel müzikler dinlemek onu harekete geçirir, sevdiği kitapları okumak ona iyi gelir. Onu anlayabilecek insanlarla, dostlarla ya da bir terapistle konuşmak son derece iyileştirici ve açıcı olur.

Ellerini ve ayaklarını hareket ettirebileceği şeyler yapmak İkizler insanına iyi gelir. El becerilerini kullanarak yapacağı şeyler İkizler'in şifasıdır.

İkizler insanı oturduğu yerden kelimeleri tekrarlayarak manevi çalışmalar yapmak istemezler. Dolayısıyla yürüyüş sırasında zikir yapmak, dua, dilek ya da niyetleri tekrarlamak İkizler'e çok daha şifalı gelecektir.

Zor zamanlarda Ya Fettah, Ya Semi, Ya Basir ve Ya Selam esmalarını anlamlarına da odaklanarak yürüyüş sırasında sıklıkla tekrarlamak İkizler insanını rahata ulaştıracaktır. Yürüyüş sırasında zikir çalışırken, kulaklıkla sevdiği bir müzik dinlemek, İkizler insanını manevi çalışmalarına daha da odaklayacaktır.

Aşağıdaki duayı, niyeti de kendini iyi hissedene kadar yapması, zorlukları aşmasında İkizler insanına büyük destek sağlayacaktır.

Gerçekler, zaman algısı, yıkımlar ve yapılanmalar... Var olan her şeyin, tüm sistemin yaratıcısı olan Allah! Diri ve hayat sahibi yaratan Ya Hayy, Ya Halik... Cömert ve merhametli olan Ya Kerim, Ya Rahman, Ya Rauf, Ya Rahim...

Senden bilinmez sırlı isimlerinin ve hayret verici faaliyetlerin hatırına istiyorum... Ey sonsuz kaynak!

Göksel âlemlerde her şey oldu bitti, kalem yazdı mürekkep kurudu. Allah olmazları oldurdu. Yüce Allahım senden hayatıma darlık veren tüm kederleri şimdi zaman ve mekân algısından beri ve ayrı şekilde yeniden yapılandırmanı talep ediyorum.

Gerçek zaman, mekân Musavvir ve Bari!

Tüm zaman, mekân ve boyutlarda ey Musavvir, ey Bari... Beni üzen tüm ihtimalleri en iyi ihtimallerle yenile ve bunu kolaylıkla, neşeyle, sevgiyle yap. Eğer ana ya da baba soyumdan beni üzüntülere ve kötü karmalara düşürecek günahlar varsa ya da ben bana üzüntüleri çekecek günahlar işlediysem bunlardan dolayı senden af diliyorum, lütfen beni ve atalarımı affet. Ağacın ucundaki en küçük çiçek olarak ağacın kökündeki tüm hastalık, keder ve hüzünlerin iyileşmesini, aile soyumdan gelen tüm keder ve hüzünlerin ve hastalıkların neşeyle, sağlıkla, huzurla iyileşmesine niyet ediyorum. Niyetim hemen gerçekleştiği için teşekkür ederim.

Bu duayı, niyeti sabah 3 kez, öğlen 6 kez, akşam 9 kez kendini iyi hissedene kadar yapabilir. Eskiler 3 gün tekrar etmenin, 7 gün ya da 40 gün yapmanın önemini her zaman vurgular, haklıdırlar da ancak her insanın iyileşme süreci farklılık gösterdiğinden ben insanın kendini tam olarak iyi hissedinceye kadar bu manevi çalışmaları düzenli biçimde sürdürmesini öneririm.

İkizler insanı manevi çalışmalarını sürdürürken limon, portakal ve akgünlük yağlarının kokularından da enerji desteği alabilirler.

YENGEÇ: Yengeç burcu yazın başlangıcını temsil eden güçlü bir öncüdür. Duygusal bir burç olmasıyla birlikte, duyguları güçlü biçimde aktarma becerisine de sahiptir. Yengeç insanı sıcak yuvaların, güvenli bir vatanın, korumanın ve kollamanın en güzel temsilcisidir. Vatanseverdir, ailesine düşkündür, korumacı ve şefkatlidir.

Allah'ın Ya Rauf, Ya Rahim, Ya Rahman, Ya Malik, Ya Mülk, Ya Halim isimleri Yengeç insanında uyanır. Duygusal güvence ihtiyacı son derece gelişmiş olan Yengeç insanı, mutlu bir aileye sahip değilse kendini huzurlu hissedemez. Onun yaşadığı alan güvenli olmalıdır ve mutlu bir ailenin içinde yaşadığını bilmelidir.

Yengeç burcu Ay tarafından yönetildiği için, sıklıkla kendini huzursuz ya da değişken bir ruh hali içinde bulur. Duyguları çabuk değişir ve bu hem yüzüne hem de hayatına yansır, hatta fiziksel olarak bile etkileyebilir. Duygusal hezeyanları, sağlığıyla ilgili tehditler oluşturabilir. Bu tip zamanlarda Yengeç insanının, maneviyata yönelmesi ona çok iyi gelecektir.

Suyun öncüsü de sayılan ve ilk su burcu olan Yengeç, maneviyatın da öncüsü gibidir. Manevi konulara yönelmek onu daima rahatlatır.

Kendini sıklıkla huzursuz hissediyorsa, arzuladığı yaşam alanını oluşturamıyorsa, bir yuvaya sahip olamıyorsa, aşağıda verdiğim çalışmayı kendini iyi hissedene kadar yapabilir.

Gerçekler, zaman algısı, yalanlar, yıkımlar ve yapılanmalar... Kolaylıkla yenilenen hücreler... Kolaylıkla yenilenen evrenler... Hiçbir şeyden her şeyi mümkün kılan rastlantılar... Planlar, düzenler, sistemler... Gerçek, plan, düzen ve sistemlere nüfuz eden neşe, kolaylık ve sevgi... Hayallerin ötesinde güvenli ve mutlu yaşamlar... Gerçekler ve güvenlik... Gerçek ve güven...

Var olan her şeyin, tüm sistemin yaratıcısı olan Allah! Diri ve hayat sahibi yaratan Ya Hayy, Ya Halik... Cömert ve merhametli olan Ya Kerim, Ya Rahman, Ya Rauf, Ya Rahim...

Senden bilinmez sırlı isimlerinin ve hayret verici faaliyetlerin hatırına istiyorum Ey Mucit ve var olan her şeyin yaratıcısı... Ey sonsuz kaynak!

Göksel âlemlerde her şey oldu bitti, kalem yazdı mürekkep kurudu. Allah olmazları oldurdu. Yüce Allahım senden hayatıma darlık veren tüm kederleri şimdi zaman ve mekân algısından beri ve ayrı şekilde yeniden yapılandırmanı talep ediyorum. Bu yapılandırmayı kolaylık, neşe, sevgi ve sağlıkla yap.

Gerçek zaman, mekân Musavvir ve Bari...

Allahım senden kalbime düşen keder ve üzüntülerin neşeye dönüşmesine, ana ve baba soyumdan bana kalmış olan karma, ah, beddua, yalan, güvensizlik hissi, umutsuzluk, hırsızlık, haksızlık, aklıma gelen ve gelmeyen ve beni dara zora sokan tüm yanlış eylemlerin affını talep ediyorum. Beni ve hatalarımı affet, ağacın kökündeki hastalığın yapraklara, dallara ve çiçeklere ulaşmasına izin verme. Ağacı kökünden iyileştir, soyağacımı kökünden iyileştir ve bana dünyada güvenlikli bir yaşam alanı sağla. Duygusal ve maddi anlamda güvende hissetmek istiyorum ve bunu senden şimdi Rahman, Rauf, Bedii, Latif, Vedud, Kerim, Halik, Hayy

▶

isimlerinle talep ediyorum ve Kayyum isminle ayakta tutmanı istiyorum, gerçek tüm zaman, mekân, boyut ve yaşamlarda.

Âmin!

Bu manevi çalışma sabah 3, öğlen 6, akşam 9 kez okuyarak yapılabilir. Zorlukları aşmak hayatını iyileştirmek isteyen Yengeç insanı kendini iyi hissedene kadar bu okumaya devam etmelidir. Esmaların anlamlarına da odaklanarak zikrini yapmalıdır. Bedeni sıklıkla suya temas etmeli, bolca duş almalıdır, toprakla da bağı olmalıdır. Deniz kenarında çıplak ayakla yürümek ona çok iyi gelecektir.

Duygusal ve maddi güvence içinde olmak istediğini sık sık talep etmelidir. İnandığı dinin ibadetlerini yapabilir, buna göre bolca iyiliklerde bulunabilir.

Neşesi kaçtığında, affetmekte zorlandığı insanları yürekten bağışlamanın bir yolunu bulmalıdır. Affetmek Yengeç insanını iyileştirir. Affedebildiğinde neşesi yerine gelecektir, böyle bir karması vardır.

İşinde mutlu değilse, iş bulamıyorsa ya da sağlık sorunlarıyla uğraşıyorsa, farklı kültürlerdeki insanlara, uzaklarda yaşayanlara ya da mültecilere, vatanından ayrı düşmüş, baskı altında yaşayan, özgürlüğünü kaybetmiş insanlara yardım eli uzatmalıdır.

İş kısmeti kapandığında bulunduğu yeri ve mekânını değiştirmek Yengeç insanına iyi gelecektir.

İlişki sorunları yaşadığında maddi âleme çekilebilir. Yengeç insanının problemlerinin temel sebebi, duygusal yaşamını madde yaşamından önce düzenlemeye çalışmasıdır. Yani ev bulmadan önce eş bulmayı düşünür. Oysa hayat "Önce bir ev bul ve onun içinde kendi başına mutlu olmayı öğren, sonra o mutlulukta sana eşlik edecek olan eşi bul" der Yengeç insanına.

Kendini kaybeden Yengeç insanı hemen fabrika ayarlarına geri dönmelidir. Bunu yaparken Oğlak burcu gibi yani Satürn etkili biri gibi davranmalıdır. Mesela ayağı yere sağlam basan, önce kariyerini ve geleceğini düşünen, duygularını belli etmekte çekimser davranan, hatta duygularını ilk etapta belli etmek istemeyen birine dönüşmelidir.

Kariyer hayatında sorun yaşıyor ya da toplum tarafından baskılandığını hissediyorsa katiyen korkmamalıdır. Yengeç'in tepe noktası Koç'tur. Onun cesareti ve kurtarıcısıdır. Cesur olmalıdır ve asla karşısındakine korktuğunu hissettirmemelidir.

Ayrıca Yengeç insanları çiçek bahçelerinde, bitkilerin bol olduğu yerlerde, su kenarlarında kendilerini çok mutlu hissederler.

Yengeç insanı kendine minik bir bahçe oluşturmayı tercih edebilir. Sevdiği çiçekleri hayatında bulundurabilir. Gül, yasemin ve vanilya ona her zaman çok keyif verir. Hindistancevizi ve kakaoyu da bu listeye dahil edebilir. Bu kokuları duşuna katabilir, tazelenebilir. Bu aromaları sık tüketmenin faydasını görecektir.

ASLAN: Aslan burcu, kalbi Güneş tarafından yönetilen, sıcak yaz günlerini sabitleyen, meyvelerin olgunlaştığı, rehavetin çöktüğü, tatlı tembelliklerin yaşandığı, temmuz sonu ve ağustosa denk gelen yılın en sıcak zamanının temsilcisidir. Gezegenler Güneş'in etrafında nasıl pervane oluyorlarsa Aslan insanı da etrafındakilerin ona böyle pervane olmasını ister.

Zaten doğal, sıcak ve samimi yapısı sayesinde genelde çekici bulunur, dikkat çeker. Tabii ki arzuladığı parlayışa ulaşamadığı zamanlar da olur. O vakit genelde içine kapanır. Yeterince sevgi, ilgi ve övgü alamadığında kendini mutsuz hissedebilir. Aslan insanı, sevdiklerine çok bağlıdır ve sevdiklerinden de aynı bağlılığı yoğun biçimde bekler. Çünkü onu ayakta tutan şey aslında sevdiklerinin kalabalık olmasıdır. Kalbini açabileceği kimse olmadığında o kocaman ve sevgi dolu kalbinin bir önemi kalmıyor onun için.

Eğer bir Aslan insanı, neşesini kaybetmişse, yaşam coşkusu sönmüşse mutlaka gezintiye ya da seyahate çıkmalıdır. Evde durmak ona pek iyi gelmeyecektir. Eğer sağlık sorunları yaşıyorsa ya da iş hayatında problemleri varsa, insanlara fazla güvenmeyi ve rahatına düşkün olmayı bırakmalıdır. Kurallara ve disipline riayet etmelidir. Ağır işlerde çalışan insanlara, işçilere ve toplum için çalışanlara aileleriyle birlikte destek olursa, iş ve sağlık konularındaki sıkıntılarının kolayca çözüldüğünü görecektir.

Aslan insanının rahat, keyifli ve hayatından memnun hali, onu daha da yükseltir. Kimseyle derdi olmayan, hayatın tadını çıkaran görünümü, onun toplumda çok daha fark edilir ve iyi bir yer edinmesini, bulunduğu konumdan daha da yükselmesini sağlar. Kendini kötü hisseden bir Aslan insanı, içindeki konfor seven Aslan'ı ortaya çıkarmalı, hayattan ne kadar zevk aldığını kendisine hatırlatmalıdır.

Eğer özel hayatında sorunlar yaşıyorsa, özgürlüğüne doğru gitmelidir. Yani eğer birine bağlandıysa ve onun tarafından yönetilmeye başlandığını hissediyorsa, bunun mümkün olamayacağını karşı tarafa mutlaka hissettirmelidir. Aslan insanı, kalbi acıyla dolarken aklının sesini dinlediğinde ilişkilerini düzenleyecektir.

Vanilya, kakao, çilek, hindistancevizi, portakal ve akgünlük aromalarını bolca kullanmak, hatta duşta da aroma olarak kullanmak Aslan insanına iyi gelir. Karadut ve böğürtlen içeren yiyecekler tüketmeyi de ihmal etmemelidir. Tabii ki alerjisi yoksa eğer...

Ya Hayy, Ya Muhyi, Ya Nur, Ya Melik esmaları da Aslan insanında uyanır ve ona çok iyi gelir. Hasta, yorgun ve mutsuz hissettiğinde özellikle güneşin doğduğu saatlerde bu esmaların anlamlarına da odaklanarak zikir yapmak Aslan insanına büyük destek sağlayacaktır. Güneşi takip etmek, güneşle temas kurmak Aslan insanı açısından çok önemlidir çünkü o güneşin çocuğudur.

Çok darda kaldığında aşağıda verdiğim duayı, niyeti sabah 3, öğlen 6, akşam 9 olacak şekilde kendini iyi hissedene kadar yapabilir.

Tüm zaman, mekân ve boyutlarda... Paralel ve misal âlemlerinde... Gerçek tüm zaman, mekân ve boyutlarda... Gerçekler, zaman algısı, yalanlar, yıkımlar ve yapılanmalar... Kolaylıkla yenilenen hücreler... Kolaylıkla yenilenen evrenler... Kolaylıkla açılan geçitler ve kapılardan ruhuma, evime, yuvama sadece Allah'ın saf ışığı girsin ve sadece Allah'ın saf ışığı yayılsın hücrelerime...

Hiçbir şeyden her şeyi mümkün kılan rastlantılar, planlar, düzenler, sistemler...

Gerçek plan, düzen ve sistemlere nüfuz eden, neşe, kolaylık, sevgi, hayallerin ötesinde güvenli ve mutlu yaşamlar... Gerçekler ve imparatorluklar, gerçek ve imparatorluk... Var olan her şeyin tüm sistemin yaratıcısı olan Allah!

Diri ve hayat sahibi yaratan Ya Hayy, Ya Halik... Cömert ve merhametli olan Ya Kerim, Ya Rahman, Ya Rauf, Ya Rahim... Senden bilinmez sırlı isimlerinin ve hayret verici faaliyetlerin hatırına istiyorum ey Mucit ve var olan her şeyin yaratıcısı... Gerçek... Ey sonsuz kaynak! Sen var olan her şeyin hükümdarı ve tüm varlıkların sahibi...

▶

Göksel âlemlerde her şey oldu bitti, kalem yazdı mürekkep kurudu. Allah olmazları oldurdu. Yüce Allahım senden hayatıma darlık veren tüm kederleri şimdi zaman ve mekân algısından beri ve ayrı şekilde yeniden yapılandırmanı talep ediyorum. Bu yapılandırmayı kolaylık, neşe, sevgi ve sağlıkla yap.

Gerçek zaman, mekân Ya Musavvir ve Bari, senden ışığımı çoğaltacak, zaferimi parlatacak, kendi tahtımı talep ediyorum. Bunu kolaylıkla bana ver. Parlayışıma ve neşeme engel olan tüm yanlışlar için senden özür diliyorum. Soyumdan, tüm ata, dede ve ninelerimden senin hukukunu çiğneyenler adına senden af diliyorum. Tüm yalan, ah, beddua ve benim başarıma, mutluluğuma, parlayışıma engel olan günahları sen ata ve dedelerimi de içine alacak şekilde nurunla temizle ve bağışla. Bana kutsiyetinden parlayış ve neşe ikram et. Ve öyledir hem şimdi, hem tüm zamanlara doğru.

Gerçek!

Bu duayı/niyeti kendini iyi hissedene kadar okuyan Aslan insanı, zorlukları kolayca aşmaya başladığını görecek, göksel destek alacaktır.

BAŞAK: Bütün işler üzerine yığılıp atılmış gibi hissediyor olabilir Başak insanı, ancak kendisi de biliyor ki ondan daha iyi servis veren ve düzenleyen başka biri daha olamaz. Zaten biri gelip işini elinden alsa gönlü buna hiç razı olmaz çünkü o en iyisini yapar, üstelik bu bir şaka değil, gerçek...

Altıncı burç olarak Başak, elinde başak tutan tertemiz kanatlı bir bakire, bereketli başak tarlaları içinde bir şifa yılanı olarak sembolize edilir. O bir şifacıdır, bir öğretmendir, bir eczacıdır, yardımseverdir, içtenlikle hizmet edendir, bir psikologdur, hayatı düzenleyen ve her eve lazım olandır.

Yazın aymaz tembelliğinden sonra artık çalışma zamanının geldiğini bir süre sonra kışın bastıracağını hatırlatan, esintilerle yazın sıcağını sonbahara hazırlayandır Başak burcu...

Şartlar ve koşullar ne kadar değişken olsa da Başak insanı, zor şeyleri bile birbirine uyarlamakta ustadır çünkü detayları görür ve tamir eder.

Başak insanı Merkür'ün en detaycı çocuğudur. 6. evin temsilcisi olarak ruhsal ve bedensel açıdan hastalıklara fazlasıyla yatkın olabilir. Sık sık huzursuz ve takıntılı hissedecektir kendini, bir şeylere kafayı takmak onun en büyük sorunudur ve hayatta öğrenmesi gereken tek şey kafayı takması gereken şeyin onun işi olduğudur. Eğer birilerine değil de bir işe kafayı takarsa Başak insanının önünde hiç kimse duramaz. Bunu fark ettiği zaman özgürleşecektir.

Kendini kötü hissettiğinde hatırlaması gereken ilk şey bu olmalı. "Birine değil de bana iyi gelen bir işe kafamı yorsam nasıl olurdu?" demelidir.

Başak insanı bunu kendine sormaya devam ettikçe gelişecektir. O fazlasıyla zeki ve beceriklidir. Yine de sert sorunlarla karşılaştığı zamanlar olabilir ki bu tip deneyimlerden geçerken Allah'ın onda tecelli eden Ya Kuddüs, Ya Kayyum, Ya Rafi ve Ya Muhsi isimlerinin anlamlarına odaklanmalıdır. Temizleyen, yükselten, ayakta tutan her şeyin sayısını gayet iyi bilen, zeki ve ayrıntıları gözden kaçırmayın, mükemmeliyetçi biri olarak Allah'ın Es Selam ve Ya Latif isimleri sayesinde sahip olduğu nitelikler onda bir yüke ya da soruna dönüşmez, bir armağana dönüşür.

Başak insanı mutlaka doğayla baş başa olmalıdır, balkonunda mutlaka çiçekler, küçük ağaçlar, otlar, yeşillikler bulunmalıdır. Kendi buğday başaklarını yetiştirmelidir. Başak insanının yeşilden ve yeşillikten ayrı olması düşünülemez. Kendine limon, portakal, gül, mavi anemon ve lavanta yağları almalı, sık sık kokularını almalı ve bu aromalarla kendini yenileme enerjisini çalıştırmalıdır.

Zikirlerini toprakta yürüyerek ya da oturarak sakince yapmak Başak insanına çok iyi gelir.

Bütün sıkıntılarından kurtulması yolunda ona en çok Es Selam ve Ya Latif isimleri destek olacaktır. Kendini çok darda hissettiğinde sabah 3, öğlen 6, akşam 9 kere olmak üzere aşağıda verdiğim duayı/niyeti 6 gün boyunca tekrarlayabilir. Çok faydasını görecektir.

Gerçekler, zaman algısı, yalanlar, yıkımlar ve neşeyle, kolaylıkla yapılanmalar... Tüm zaman ve mekânlarda yıkılmış, hatalara boğulmuş, düzenini kaybetmiş ve hükümranlığını yitirmiş krallıklar, kutsal kitaplarda anlatılan medeniyette çok ileri gitmiş ancak kendini en güçlü hissettiği, en bencilleştiği, en yukarı çıktığını zannettiği anlarda aşağı düşen ve yere çalınan hükümdarlıklar, işte onların ne zaman kayba uğradığı bilgisi bende mevcuttur.

İnsanlar hükmetmeyi hizmet almak sandığında kaybederler, hükmetmek en iyi hizmeti vermekten doğar, hükmetmek en iyi hizmeti vermektir. Ben bunu anlıyor ve görüyorum, kendimi başkalarıyla kıyaslamıyorum, hayatımdaki zorlukların aşamayacağım

▶

kadar zor olmadığını biliyorum, ben en güzel şekliyle her şeyi başarıyorum, mükemmel olmak zorunda değilim ama sanırım öyleyim.

Bu mükemmelliğim eksiklerimi görüp kabul edebilmemden geliyor. Şimdi ve tüm zamanlara doğru bana kodlanan "Harikasın, mükemmelsin, en iyisini yapmalısın, asla eksik olamazsın, yapmana rağmen dışlanırsın, hor görülürsün" gibi bilgileri yıkıp bu yaratımı neşeyle, ışıkla iptal ediyor, neşe ve ışıkla yepyeni bir düzen oluşturuyorum. Ya Musavvir, Ya Bari isimleriyle hayatımı en güzel şekilde tasvir ediyorum ve düzenliyorum. Allahım hayatımı en güzel şekilde tasvir edelim ve düzenleyelim, kalbimden geçen tüm güzellikleri hayatımda yeşert ve canlandır.

Kolaylıkla yenilenen hücreler, kolaylıkla yenilenen evrenler... Gerçek...

Hiçbir şeyden her şeyi mümkün kılan rastlantılar... Neşe, planlar, düzenler, sistemler... Gerçek plan, düzen ve sistemlere nüfuz eden neşe, kolaylık ve sevgi... Hayallerin ötesinde güvenli ve mutlu yaşamlar... Gerçekler ve güvenlik... Gerçek ve güven... Var olan her şeyin ve tüm sistemin yaratıcısı olan Allah! Diri ve hayat sahibi yaratan Ya Hayy, Ya Halik...

Cömert ve merhametli olan Ya Kerim, Ya Rahman, Ya Rauf, Ya Rahim...

Senden bilinmez sırlı isimlerinin ve hayret verici faaliyetlerin hatırına istiyorum. Ey Mucit, ey var olan her şeyin yaratıcısı... Ey sonsuz kaynak...

Göksel âlemlerde her şey oldu bitti, kalem yazdı mürekkep kurudu. Allah olmazları oldurdu. Yüce Allahım senden hayatıma

darlık veren tüm kederleri şimdi zaman ve mekân algısından beri ve ayrı şekilde yeniden yapılandırmanı talep ediyorum. Bu yapılandırmayı kolaylık, neşe, sevgi ve sağlıkla yap.

Gerçek zaman, mekân Ya Musavvir ve Bari, ana ve baba soyumdan senin hukukunu çiğneyen kimseler nedeniyle dualarım duyulmuyor, hatalarım düzelmiyor ve mutsuzluğa sürükleniyorsam bütün bunlar için senden özür diliyorum, lütfen affet. Kendi hatalarım sebebiyle de senden özür diliyorum, bana ve atalarıma sirayet eden ah, yalan, beddua, haksızlık, kıskançlık, hırsızlık, hukuksuzluk gibi günahların affını talep ediyorum ve bilmediğim başka hatalar da varsa bunları da affederek insan olmanın verdiği unutkanlıkla, bencillikle ve nankörlükle yapılmış olarak görüp iyileştirmeni talep ediyorum. Şimdi ve tüm zamanlara doğru niyetlerim gerçek oldu ve şu an Allah'ın saf sevgisi ve ışığıyla doluyum, geçmişime, geleceğime ve bugünüme Allah'ın saf sevgisi, neşesi ve ışığı doldu.

Şimdi ve tüm zamanlara doğru tüm zaman, mekân ve boyutlarda, tüm paralel ve misal âlemlerinde bana ait, benden olan, bana benzeyen tüm karinlerimle iyileştim, benden içeri bana hükmetmek isteyen tüm kötü enerjilere ben hükmettim, beni yenemiyor, beni üzemiyor, beni sarsamıyorlar. Ben onları yendim, ben onları dönüştürdüm ve şimdi bana hükmedebilecek tüm olumsuz enerjileri ve neşemi çalabilecek tüm kötü dostları Allah'ın saf nuru ve ışığıyla iyileştirdim. Tüm zaman, mekân ve boyutlarda gerçek sistem, plan ve yapılarda tüm paralel ve misal âlemlerinde ben sağlıklı, iyi, huzurlu ve neşeyle doluyum.

Yolunda güvenle ilerliyorum, zevk aldığım için en güzel işleri yapıyor, en güzel şekilde hayatımı düzenliyor ve en becerikli halimle kendimi de etrafımdakileri de mutlu edebiliyorum, şükürler olsun ve öyledir, şimdi ve tüm zamanlara doğru...

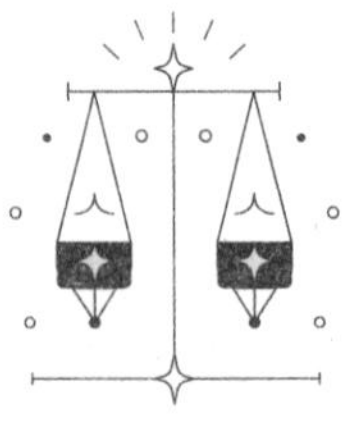

TERAZİ: Terazi burcu, ben duygusunun tam karşısına yerleşen sen fikridir. Her şeyi kendi açısından kendine göre algılamanın yıkıldığı yerdir, egonun zayıfladığı, artık sonbaharın geldiği vakittir. Güneş bundan böyle daha az görünür.

Sanatın ve estetiğin yılmaz savunucusu ve âşığı olan Terazi burcuyla sonbahar başlar. O bir öncüdür fakat öncülüğü zarif bir biçimde kendini gösterir. Karşısındakini çok severek aslında nasıl sevilmek istediğini tarif eder.

Sevilmek için sevmek, anlaşılmak için susmak, kabalığa bile nazikçe karşılık vermek durumunda kalan Terazi insanının bazen dengeleri şaşar. Verdiği kadar alamadığını, sevdiği kadar sevilmediğini fark ettiğinde acı çeker.

Böyle zamanlarda enerjisini yükseltmek için yapabileceği birtakım çalışmalar vardır tabii ki. Kendisine iyi gelen, şifa veren, derinlerine dokunabilen manzaranın ya da fotoğrafın karşısına geçip, beş ya da on dakika boyunca hiçbir şey düşünmeden, kendini izlediği manzaraya teslim etmeli ve anlamlarına da odaklanarak Ya Latif, Ya Bedii, Ya Allah esmalarıyla derin bir zikir yapmalıdır. Günün herhangi bir saatini seçebilir ve dokuz gün boyunca hiç aksatmadan zikir çalışmaya devam edebilir. Çok faydasını görecektir.

Ayrıca aşağıda verdiğim duayı/niyeti sabah 3, öğlen 6, akşam 9 kere olmak üzere en üç gün boyunca devam ettirdiğinde büyük rahatlama yaşayacaktır.

Manevi çalışmaları yaparken yanı başından yasemin, gül ve lavanta yağlarını da eksik etmezse, bu kokuların enerjisinden faydalanmaya devam ederse, çok daha kısa zamanda şifalanacaktır.

Gerçekler, zaman algısı, yalanlar, yıkımlar... Sevgiyle, güzellikle, iyilikle ve sağlıkla yapılanmalar... Kolaylıkla yenilenen hücreler... Gerçek... Sevgiyle dolan hücreler, düşünceler ve sevgiyle yaratılan anlar... Kolaylıkla yenilenen evrenler... Gerçek... Hiçbir şeyden her şeyi mümkün kılan rastlantılar... Sevgiyle kurulan dostluklar... Gerçek sevgiyle kurulan birliktelikler... Gerçek sevgiyle yakınlaşan kalpler... Gerçek sevgiyle birleşen eller, planlar, düzenler, sistemler, sanatla var olan yapılar, evler, yuvalar... Gerçek plan, düzen ve sistemlere nüfuz eden neşe, kolaylık ve sevgi... Hayallerin ötesinde güvenli ve mutlu yaşamlar... Gerçekler ve güvenlik... Gerçek sevgi ve güven...

Var olan her şeyin, tüm sistemin yaratıcısı olan Allah... Sevilmeye en çok layık olan, en çok sevilen, sevgiyi yaratan, sevgiyi var eden, sevgiden yaratan, sevgiden insan yapan, sevgiyi insana veren, insanı seven, insanı insana sevdiren, sevginin öz yaratıcısı, sevginin öz sahibi, sevginin özünden insanı var eden, sevgiden sevinçler yaratan, sevgiden eşler yaratan, sevgiden çocuklar yaratan, sevgiden ırmaklar yaratan, sevgiden ormanlar yaratan, sevgiden çiçekler yaratan, sevgiden her şeyi sanatla yaratan, sevgi ile dirilten, sevgiyle yeniden yapılandıran, diri ve hayat sahibi yaratan...

Ya Hayy, Ya Halik, Ya Vedud... Cömert ve merhametli olan Ya Kerim, Ya Rahman, Ya Rauf, Ya Rahim... Senden bilinmez sırlı isimlerinin ve hayret verici faaliyetlerin hatırına istiyorum. Ey Mucit ve var olan her şeyin yaratıcısı...

Ey sonsuz kaynak...

Sonsuz sevgi kaynağı, sonsuz neşe kaynağı, sonsuz bolluk kaynağı, sonsuz aşk kaynağı, sonsuz haz kaynağı, var olan her şeyin başlangıcı ve sonu var olan her şeyin sahibi ve yaratıcısı, her şeyin

kendisinden geldiği ve kendisine gideceği en önce ve en sonra olan, her şeyin tek ve gerçek hükümranı, sana yalvarıyorum ve senden istiyorum, lütfen benimle ol.

Göksel âlemlerde her şey oldu bitti, kalem yazdı mürekkep kurudu. Allah olmazları oldurdu. Yüce Allahım senden hayatıma darlık veren tüm kederleri şimdi zaman ve mekân algısından beri ve ayrı şekilde yeniden yapılandırmanı talep ediyorum. Bu yapılandırmayı kolaylık, neşe, sevgi ve sağlıkla yap.

Gerçek zaman, mekân Ya Musavvir, Ya Bari ve Vedud isminle kalbimi onar, sevgiyle doldur ve sevdiklerimi koru, sevdiklerime beni sevdir, onları da bana sevdir, sevgiyle her hücrem şifalansın, sevgiyle hayatım bolluğa, berekete, huzura kavuşsun, kendimi eksik hissettiğim tüm yanlarımı, tüm acılarımı şimdi sana havale ediyorum.

Ana ve baba soyumdan senin hukukunu çiğnemiş ve hayatımda sevginin, cömertliğin artmasına engel olan günahlarda ısrar etmiş olan tüm hatalar için senden özür diliyorum ve kendi hukuksuz olduğum anlar için de senden özür diliyorum, lütfen hayatımı sevgiyle ve bollukla doldurmam için önümde duran tüm engelleri kaldır, şimdi ve tüm zamanlara doğru, şimdi ve tüm âlemlerde, geçmişte, şimdide, gelecekte, ezelde ve ebediyette oldu oldu oldu. Teşekkür ederim.

Terazi insanının hayatında neşe sönmüşse eğer, onun özgürleşmesi gerekiyor demektir. Mutsuz hissettiğinde bulunduğu ortamdan biraz uzaklaşmalıdır. Gerçek sevginin kendisine akmasını sağlayan şey bağımlı hissettiği insanlar değildir, bilakis yanında kendini özgür hissettiği insanlardır. Bunu fark ettiğinde gerçek sevgiyi hayatına kolaylıkla çekecektir.

İş ve kariyer hayatında zorluklar yaşayan Terazi insanı, öncelikle ailesine dönmeli, annesiyle, babasıyla, çekirdek ailesiyle sorunlarını güzellikle çözdüğünde bütün işleri yoluna girecek, başarıya da hızla ulaşacaktır çünkü Terazi'nin bu bağlamda bir kader planı vardır.

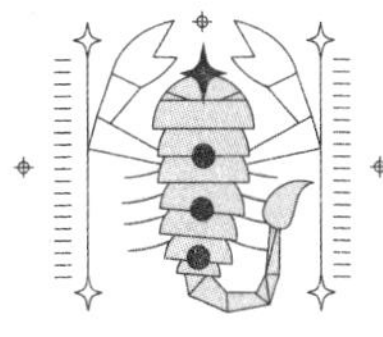

AKREP: Çok önemli bir burçtur, çünkü ilk defa Akrep burcuyla beraber insanların bireysel dertleri ve zevkleri son bulmaya başlar. Artık sonbaharın en karanlık zamanıdır, havalar sertleşmiştir, şartlar çetindir, toprak kurudur, yapraklar dökülmüştür... Çok güçlü olanların baş edebileceği bir zaman dilimi başlamıştır. Sonbahar iyice gelmiştir, şartlar giderek zorlaşmaktadır. Kasırgalar, rüzgârlar, yağışlar, soğuklar başlamıştır. Ölmeden ölmenin zamanıdır ve hayatın en zorlu koşullarında bile ayakta kalabilecek gücü ve cesareti göstermenin mevsimidir.

Akrep burcu hem Plüton hem Mars tarafından yönetilir. Dışa açılan bir kapıdır Akrep... Akrep insanı çok zorlu bir hayata sahip olabilir, hatta farkında olmadan bütün krizleri ve sorunları kendi üzerine bile çekebilir, çünkü o krizden beslenir ve krizlerle dönüşür. Bunu fark ettiğinde hayatı bir nebze olsun kolaylaşmaya başlar.

Akrep insanı şunu iyice anlamalıdır: Mükemmel olmak için hep en zor şeylerle ve krizlerle buluşmak zorunda değildir. Zaten o doğuştan mükemmeldir ve her zaman söylediğim gibi okyanusun en derin yeri gibidir. Orada gördüğün güzellikleri dünya üzerinde başka hiçbir yerde göremezsin ama boğulma tehlikesi de her zaman vardır. Akrep insanı bazen kendi güzelliğinde, inadında ve muhteşemliğinde kendini de boğabilir. Kendi dışında gelişen, farkında olmadan bilinçaltıyla güçlü biçimde kendine çektiği krizleri fark ettiğinde hayatında bir şeylerin dönüşmesine olanak sağlar.

İddialı ve keskin olmak yerine huzurlu ve sakin olmayı tercih edebilir, rekabeti başka yerlerde aramak yerine kendisiyle rekabete girişebilir.

Akrep insanının hayatında neşe yoksa, çocuklara yönelmeli, onları sevmelidir. Yaşlılara ve yardıma muhtaç olanlara bakım vermeli, ihtiyacı olanlara, kimsesizlere, sevgiye ve ilgiye muhtaç olanlara yardım eli uzatmalıdır, destek vermelidir. Evcil hayvanlara, yardıma muhtaç olan varlıklara sıkı sıkıya sarılmalı, onların sevgisini yoğun şekilde hissetmelidir. Böylece hayatında güçlü bir neşe ve sevgi enerjisi oluşur. Ayrıca sanatla, şiirle ve edebiyatla uğraşmak da Akrep insanına çok iyi gelir.

Ayrıca Akrep insanının en güzel hobisi hissetmektir, o doğuştan medyum yeteneklerine sahiptir, her şeyi hissedebilir ve algılayabilir. Canı çok sıkıldığında sadece içine dönmesi bile doğru cevapları bulması için kâfidir, muhakkak sezer.

Kendini çok kötü hissettiğinde mutlaka suya yönelmelidir. Suyu görebileceği bir yere gitmesi, sahilde olması ve burada dua edip dilek dilemesi, meditasyon ya da ibadet etmesi ona çok iyi gelir. Suya gidemiyorsa bile suyun manzarasını izleyebileceği bir fotoğraf açmak bile Akrep insanının enerjisini etkiler. Akrep insanının suyla temas ederek, izleyerek ya da hissederek gerçekleştireceği dualar, dilekler, niyetler çok çabuk olur. Yanında su bulundurması bile çok kıymetli ve faydalıdır onun için. Suyun gücüne odaklanarak niyetlerini edebilir, aşağıda verdiğim duayı kendini iyi hissedene kadar okumaya ve tekrar etmeye devam ettiğinde zorlukların üstesinden de kolaylıkla gelir, ferahlama ve rahatlama yaşar.

Şimdi şu andan itibaren niyet ediyorum, var olan her şeyin yaratıcısı sonsuz ışık, sonsuz nur, sonsuz bolluk ve sonsuz sevgi kaynağı olan Allah... Şimdi bütün dertlerimi sana havale etmeye niyet ettim. Sen her şeyin yaratımını en güzel şekilde yapansın. Benim hayatımda, hayallerimden bile öte güzellikleri şimdi yarat ve beni de bu güzelliklerin tam ortasına koy. Bunu kolaylıkla, sevgi ve sağlıkla yap. Beni incitmeden, üzmeden, neşeyle olgunlaştır. Öğrenirken mutlu olmamı da sağla. Niyet ediyorum artık bir şeylere sıkı sıkıya yapışmak yerine senin güvenli, merhametli ve şefkatli yardımına bırakmaya... Şimdi yüklerimi, acılarımı, üzüntülerimi sana bıraktım. İçime verdiğin güçlü sezgi ve hislere doğru ilerliyorum. Eğer bu kadar acı çekmeme sebep olan hukuksuzluklarım, günahlarım ya da aldığım ahlar ve beddualar varsa şimdi hepsinin senin sonsuz şefkat ışığında iyileşmesine niyet ediyorum. Eğer ana ve baba soyumdan atalarım benzer hukuksuzluklara imza attılarsa onların da affedilmesini, şifalanmasını ve iyileşmesini senden talep ediyorum.

Ya Vâris, Ya Hak, Ya Halik... Beni bu güzel isimlerinle ummadığım şekilde kolaylıkla zenginleştir, kudretli ışığın ve yumuşacık şefkatinle beni sarıp sarmala.

Gerçekler, zaman algısı, yalanlar, yıkımlar... Sevgiyle, güzellikle, iyilikle ve sağlıkla yapılanmalar... Kolaylıkla yenilenen hücreler... Gerçek sevgiyle dolan hücreler, düşünceler ve sevgiyle yaratılan anlar... Kolaylıkla yenilenen evrenler... Hiçbir şeyden her şeyi mümkün kılan gerçek rastlantılar... Sevgiyle kurulan dostluklar... Gerçek sevgiyle kurulan birliktelikler... Gerçek sevgiyle yakınlaşan kalpler... Gerçek sevgiyle birleşen eller... Planlar, düzenler, sistemler, sanatla var olan yapılar, evler, yuvalar...

▶

Gerçek plan, düzen ve sistemlere nüfuz eden neşe, kolaylık ve sevgi... Hayallerin ötesinde güvenli ve mutlu yaşamlar...

Gerçekler ve güvenlik... Gerçek sevgi ve güven... Var olan her şeyin, tüm sistemin yaratıcısı olan Allah... Sevilmeye en çok layık olan, tutkuyla, en çok sevilen, sevgiyi yaratan, sevgiyi var eden, sevgiden yaratan, sevgiden ve tutkudan insanı yaratan, sevgiyi insana veren, insanı seven, insanı insana sevdiren, sevginin öz yaratıcısı, sevginin öz sahibi, sevginin özünden ve tutkudan insanı var eden, sevgiden sevinçler yaratan, sevgiden eşler yaratan, sevgiden ve tutkudan çocuklar yaratan, sevgiden ırmaklar yaratan, sevgiden dağlar yaratan, sevgiden çiçekler yaratan, sevgiden her şeyi sanatla yaratan, diri ve hayat sahibi, sevgi ile dirilten, sevgiyle yeniden yapılandıran...

Diri ve hayat sahibi yaratan... Ya Hayy, Ya Halik, Ya Vâris... Cömert ve merhametli olan... Ya Kerim, Ya Rahman, Ya Rauf, Ya Rahim... Senden bilinmez sırlı isimlerinin ve hayret verici faaliyetlerin hatırına istiyorum. Ey Mucit ve var olan her şeyin yaratıcısı... Ey sonsuz kaynak...

Sonsuz sevgi kaynağı, sonsuz neşe kaynağı, sonsuz bolluk kaynağı, sonsuz aşk kaynağı, sonsuz haz kaynağı, var olan her şeyin başlangıcı ve sonu, var olan her şeyin sahibi ve yaratıcısı, her şeyin kendisinden geldiği ve kendisine gideceği en önce ve en sonra olan, her şeyin tek ve gerçek hükümranı, sana yalvarıyorum ve senden istiyorum lütfen benimle ol.

Göksel âlemlerde her şey oldu bitti, kalem yazdı mürekkep kurudu. Allah olmazları oldurdu. Yüce Allahım senden hayatıma darlık veren tüm kederleri şimdi zaman ve mekân algısından beri ve ayrı şekilde yeniden yapılandırmanı talep ediyorum. Bu yapılandırmayı kolaylıkla, neşeyle, sevgiyle ve sağlıkla yap.

▶

Gerçek zaman, mekân Ya Musavvir, Ya Bari, Ya Vedud... İsminle kalbimi onar, sevgiyle doldur ve sevdiklerimi koru, sevdiklerime beni sevdir, onları da bana sevdir, sevgiyle her hücrem şifalansın, sevgiyle hayatım bolluğa, berekete, huzura kavuşsun. Kendimi eksik hissettiğim tüm yanlarımı, tüm acılarımı şimdi sana havale ediyorum, hepsi senin elinde...

Ana ve baba soyumdan senin hukukunu çiğneyen ve hayatımda sevginin ve cömertliğin artmasına engel tüm hatalarım adına senden özür diliyorum ve kendi hukuksuz davrandığım günahlarım için de senden özür diliyorum. Lütfen hayatımı sevgiyle ve bollukla doldurmam için önümde duran tüm engelleri kaldır. Şimdi ve tüm zamanlara doğru, şimdi ve tüm âlemlerde, geçmişte ve şimdide, gelecekte ve ezelde ve ebediyette oldu, kalem yazdı, mürekkep kurudu.

Terazi insanına mavi anemon, gül, lavanta, yasemin, akgünlük yağları da çok iyi gelir. Yağlarından beşer damla alarak bir karışım yapabilir, bu kokuyu sıklıkla koklayarak enerjisini temizleyebilir. Verdiğim duayı/niyeti günde en az bir kez okumadan önce hazırladığı yağ karışımını mutlaka koklamalıdır, bu onun konsantrasyonunu da artıracaktır.

Manevi çalışmalarını su kenarında yapmak Terazi insanına daha iyi gelecektir, daha etkili ve hızlı sonuçlar alabilecektir. Salı ya da pazar günü okumalarına ve zikre başlayabilir, Ya Selam, Ya Fettah ve Ya Allah isimlerini anlamlarına da odaklanarak yarım saat zikrettiğinde büyük faydasını görür.

Suyun gizemi ve gücü nerede olursan ol seninledir. Bundan bir an bile şüphe duyma, sen daima çok güçlü bir korumayla korunursun.

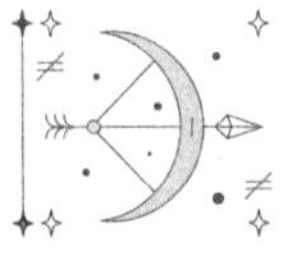

YAY: Artık ben zamanı değil, biz zamanıdır... Biz için anlamak, biz için keşfetmek, biz için bilgeleşmek, biz için fark etmek demektir Yay burcu. Zodyak'ın dokuzuncu burcu, dokuzuncu alandır Yay... Allah'ın yüksek sevgisini ve bilgeliğini nasıl aldığımızı ya da buna kör olup olmadığımızı gösterir. Eğer ruhumuzun bir köşesinde Yay'ın bilgeliği ve Jüpiter'in öğreticiliği aktif değilse kalbimiz kapanmış gibidir, işte şimdi o kalbi açmanın zamanı gelmiştir.

Yay, sonbaharla kış arasında denge kuran, esnek, keyifli ve huzurlu akan bir enerjidir. O, Jüpiter'in iyileşmeye ve neşeye inanan filozof çocuğudur. Yay ile beraber artık dünyadaki hiçbir şey bize yetmiyordur, bulunduğumuz yerden kilometrelerce uzağa gideriz ve hep bir şeyler ararız. Aslında aradığımız nedir diye düşünürüz ve bunun üzerine neyi aradığımızı da aramaya başlarız. Artık dünyadaki hiçbir şey yetmiyordur, tüm dünyayı da dolaşsak, keşfetsek, bilsek yetmiyordur.

Böylelikle güçlü kuvvetli kaslı muhteşem bir fiziğe sahip olan sentor (yarı at yarı insan) elindeki oku göğe doğrultur, gözü yerlerde değil göklerdedir artık. O dünyada bulamadığı şeyin ilahi bir şey olduğunu anlamıştır. O var olan her şeyin yaratıcısı Allah'ı aramaktadır. Onu dünyanın bütün şehirlerinde, bütün sokaklarında, bütün ülkelerinde, bütün denizlerinde, bütün ormanlarında aramıştır, gezmiştir, gezmiştir, gezmiştir ve bu ona büyük bir keyif de vermiştir ancak sonunda aradığı şeyin dünyada olmadığını fark etmiştir.

Artık gökyüzünün bilgisine bakmaya, oradan yararlanmaya başlamıştır. O dünyevi olanı değil, dünyevi olanı da içine alanı aramaktadır. İşte bilgeleşen yayın serüveni böyle başlar. Her ne kadar dünyanın en rahat insanı gibi görünse de Yay insanının da zor zamanları olur. Mesela özgürlüğünü kaybetmekle burun buruna geldiğinde iyimser olamaz.

Kötü kayıplar yaşadığında aklının bilgeliğine sığınması gerekir. Bir olasılığa değil sonsuz olasılığa açılması yerinde olur. Çünkü hayatta her zaman birden fazla olasılık vardır ve bunu en iyi Yay insanı bilir. Bu şehirde değilse başkasında, bu ülkede değilse başka ülkede hatta başka gezegende...

Yay insanı neşesini kaybettiğinde spor yapmadılar, onun neşe alanını Koç burcu tutar ki bu da neşelenmek için harekete geçmek gerekiyor demektir. Cesur ve sağlam adımlarla ilerlemek, bol bol hareket etmek, hatta dövüş sanatlarıyla uğraşmak, ok atmak, Yay insanı için paha biçilmezdir. Rekabet içeren oyunlar oynamak Yay insanının kaybettiği neşesini ve enerjisini yerine koyacaktır.

Kariyer planında umduğunu bulamamışsa, iş hayatında zorluklar varsa çalışacak, üretecek, emek verecek demektir. Bunu yapmak zorundadır çünkü tepe noktasını çalışkan Başak tutar... Ne kadar üretirse o kadar başarı elde eder Yay insanı. Planlı ve düzenli gitmek, iş hayatında ve kariyerinde başarıyı getirir.

Eğer ilişkilerinde sorun yaşıyorsa biraz yüzeysel olmayı başarması gerekiyordur. Partnerleriyle daha fazla sohbet etmeli, ona daha fazla söz hakkı vermeli, onunla geziler planlamalıdır.

Bütün bunlara rağmen kendini kötü hissetmeye devam edi yorsa, kendinden vermesi gereken, bırakması gereken şeyler olduğunu hatırlaması gerekir. Yay'ın gelirini denetleyen Oğlak ve iş hayatını denetleyen Boğa, gerçekten fakirlik girdabında sıkışmış, en ağır ve zor işleri yaptığı halde hayatına yön veremeyen, ihtiyaç sahibi insanların elinden tutmak gerektiğini, sadaka vermek, yardım etmek, iş arayana iş bulmak gerektiğini hatırlatır Yay insanına.

Hayatını düzene sokamayan insanlara yardımcı olmak Yay insanının en büyük sadakasıdır. Yay insanı iş bulamayana el uzatarak, yol açarak şifalandıracaktır hayatını.

Kendini kötü hisseden Yay öncelikle gezintiye çıkmalıdır, gezip görmek ona her zaman çok iyi gelir ve ilham verir. Giderken yanında kafa dengi, sohbeti güzel, keşfetmeyi seven bilge arkadaşlar da götürebilirse çok faydalı bir seyahat geçirmiş olur. Bunu yapamıyorsa en azından spor ayakkabılarını giyip kilometrelerce yürümeyi tercih etmelidir. Yürümek Yay insanına şifadır. Yürürken öğretici kayıtlar da dinleyebilir. Yay için öğrenmek elzemdir ve çok büyük bir keyiftir.

At binmek Yay insanı açısından harika bir tercihtir. Yay'ı iyileştirebilecek eylemler gezmek, öğrenmek, keşfetmek ve hareket etmektir.

Ayrıca Ya Fettah, Ya Basıt, Ya Muğni esmalarını da anlamlarına odaklanarak zikretmek, yürüyüş ya da spor sırasında zikri sürdürmek hızlı sonuç verecektir. Portakal, limon ve vanilya yağını yanından eksik etmemelidir, bu üçü Yay insanına çok iyi gelen kokulardır. Ayrıca mutlaka lavanta yağı da kullanmalıdır.

Zor zamanlardan geçen Yay insanı aşağıda verdiğim duayı/niyeti bir perşembe günü başlamak suretiyle 9 gün boyunca okumaya devam ederse büyük destek alır. Okumaya başlamadan evvel işsiz kalmış, fakirlik çekmekte olan birine yardım da etmiş olursa, ihtiyacı olan desteğe çabuk kavuşur.

Gerçekler, zaman algısı, yıkımlar ve yapılanmalar... Var olan her şeyin, tüm sistemin yaratıcısı olan Allah... Diri ve hayat sahibi yaratan... Ya Hayy, Ya Halik... Cömert ve merhametli olan Ya Kerim, Ya Rahman, Ya Rauf, Ya Rahim...

Senden bilinmez sırlı isimlerinin ve hayret verici faaliyetlerin hatırına istiyorum. Ey sonsuz kaynak... Ya Fettah, Ya Basıt, Ya Muğni... En güzel olasılıkları yaratan ve bolluk kapılarını açan,

▶

kolaylaştıran, ferahlatan, genişleten, zengin eden, bollaştıran, konfor yaratan... Sen gerçeksin, gerçek... Tüm zaman, mekân ve boyutlarda sen gerçek ve hürsün. Beni de hür ve umutlu yaratansın. Gerçek, zengin ve hür...

Göksel âlemlerde her şey oldu bitti, kalem yazdı mürekkep kurudu. Allah olmazları oldurdu. Yüce Allahım senden hayatıma darlık veren tüm kederleri şimdi zaman ve mekân algısından beri ve ayrı şekilde yeniden yapılandırmanı talep ediyorum. Gerçek, zengin ve hür...

Şu anda beni üzen tüm hüzünlerin sebebi olan hatalarımın veya hatalarımdan beri gelen hataların affını talep ediyorum. Gerçek, zengin, hür...

Bana içeriden ya da dışarıdan tesir eden tüm alevli, ateşli, yakıcı ve yıkıcı enerjileri senin nuruna ve ışığına, kaynaklarına iade ediyorum. Gerçek... Zengin, hür... Ama yâreni olan benim yârenimi benim için yaratmış, bana özel yaratmış ve buna Kudret'i ezelden ve ebediyete dek daima yetmiş olan, 18 bin âlemde bana neşe, umut ve zenginliği çoktan vermiş olan... Gerçek... Zengin, hür...

Senden hayatıma bolluk, neşe, yaşam enerjisi, sevgi, iyilik, güzellik, huzur talep ediyorum. Şimdi şu andan itibaren senden ne istersem bana hepsinin üzerine sağlık, huzur ve mutluluk ekleyerek ver. Bugüne kadar senden yanlış ne talepte bulunduysam onların hepsinin üzerine sağlık, huzur, mutluluk ekleyerek düzenle, sen olmazları oldurabilirsin.

Şimdi şu andan itibaren ana soyumdan ve baba soyumdan bütün dede ve ninelerimin, kadın ve erkek atalarımın yapmış oldukları büyük günahlar için onlar adına senden af diliyorum. Ben ağacın

▶

ucundaki en küçük çiçeğim, ağacın kökünden gelen sorunların, aile soyumdan gelen sorunların, bana ve benden sonraki zürriyetime etki etmesinden sana sığınıyorum. Lütfen bağışlayıcı ve rahman sıfatınla yaklaş bana. Binlerce şükür ve hamt sana olsun.

Gerçek, zengin, hür, bilge...

OĞLAK: Sağlam, sessiz ve gerçek bir otoritedir. Artık kış mevsimi resmi olarak başlamıştır. Hava artık çok serttir. Hazırlığı olan rahattır, olmayan içinse hayat pek de kolay olmayacaktır.

Oğlak zamanı, yılın en acımasız zamanlarının başladığının işaretidir. Ayağını yorganına göre uzatmak, hesapları çok iyi yapmak gerekir. Oğlak insanı mağrurdur ancak hayatı her zaman çok da kolay geçmez. Oğlak insanı yerin en dibinden zirvenin en tepesine tırmanan inatçı keçi gibidir. Onun tırmandığı yere başkası kolay kolay tırmanamaz, ancak zirve tek kişiliktir Zirve, korkusuzca yukarı tırmanma cesareti gösterenlere aittir. Oğlak insanı gerçekleri tüm çıplaklığıyla gözler önüne sermeyi sever. Görmek, anlamak, bilmek, haklı çıkmak, onun en büyük hazzıdır. Çünkü o planlarını rahatlığa ve eğlenceye odaklayarak yapmaz, başarmaya ve güvenliğini sağlamaya adar. Onun için başarı, sağlam ve güvenli bir hayattır. İyi bir statü, iyi bir maaş ve sağlam bir maddi güvence esastır onun için.

Eğer bir Oğlak insanı, planlı ve düzenli olmasına rağmen hayatındaki zorlukları aşamamışsa mutlaka hobilerine yönelmesi gerekiyordur. Toprak, Oğlak insanının dostudur. 5. evindeki dost burcu Boğa ona hayatın sanatla ilgisini hatırlatır. Toprakla, ağaçla, doğaya iç içe olmak Oğlak insanına şifalı gelecektir.

Güller ve çiçekler onun için paha biçilmezdir. Elleri mutlaka toprağa ve çamura değmelidir, belki seramikle ilgilenmelidir. Ayrıca güzel yemekler pişirmek, kokusunu almak, tadına bakmak da şifa verecektir.

Eğer kariyer hayatında zorluklar yaşıyorsa nazik olmayı öğrenmelidir. Güzellikleri sunmaktaki ustalığını acıyı ifade ederken de kullanabilmelidir. Bu dengeyi yakalamayı başardığında iş hayatında ve ilişkilerinde daha sağlıklı dengeler kuracaktır. Kariyerinde yükselmesi kolaylaşacaktır. Birazcık diplomasi öğrenmesi şarttır, yani her gerçeği her an her yerde söylemek her zaman doğru olmayabilir.

Sağlığıyla ilgili zorluklar yaşadığında biraz daha hareketli bir yaşam benimsemeyi, daha yüzeysel olmayı ve her şeyi kafaya takmamayı tercih etmelidir. Hastalıkların kökeninde fazla düşünmek ve içe atmak vardır.

Hayatında büyük zorluklar yaşayanlara, özellikle öğrencilere, yolculara ve ilim için mücadele edenlere, bilgi öğrenmek için zorluklar yaşayanlara yardım etmelidir. Onların elinden tutmalıdır.

Ya Fettah, Ya Rahman, Ya Rahim, Ya Latif, Ya Selam isimlerini anlamlarına da odaklanarak zikretmek Oğlak insanına şifa verir. Öncü burçların sonuncusu olan Oğlak, zorlu yollardan geçerler, bu inkâr edilemezdir, ancak bu esmaları doğa yürüyüşleri sırasında toprağa, ağaca, çiçeğe ve doğaya dokunarak zikrettiklerinde, esmaların anlamlarına odaklanarak okuduklarında, büyük faydasını görürler, rahatlarlar, zorlukları kolaylıkla aşarlar.

Aşağıda verdiğim duayı/niyeti sabah 3, öğlen 3, akşam 3 olmak üzere 3 gün boyunca düzenli olarak okurlarsa büyük destek görürler, zorlukların içinden hızla ve kolaylıkla çıkarlar.

Gerçekler, zaman algısı, yıkımlar ve sevgiyle, kolaylıkla, huzurla yapılanmalar... Var olan her şeyin, tüm sistemin yaratıcısı olan Allah, diri ve hayat sahibi, her şeyi tutkuyla ve sıcaklıkla yaratan... Ya Hayy, Ya Halik... Cömert ve merhametli olan... Ya Kerim, Ya Rahman, Ya Rauf, Ya Rahim... Senden bilinmez sırlı isimlerinin ve hayret verici faaliyetlerin hatırına istiyorum...

Ey sonsuz kaynak...

Göksel âlemlerde her şey oldu bitti, kalem yazdı mürekkep kurudu, Allah olmazları oldurdu. Yüce Allahım senden hayatıma darlık veren tüm kederleri şimdi zaman ve mekân algısından beri ve ayrı şekilde yeniden yapılandırmanı talep ediyorum. Gerçek sistem, düzen, otorite... Şu anda beni üzen tüm hüzünlerin sebebi olan hatalarımın veya hatalarımdan beri gelen hataların affını talep ediyorum.

Gerçek sistem, düzen, otorite... Bana içeriden ya da dışarıdan tesir eden tüm alevli, ateşli, yakıcı ve yıkıcı enerjileri senin nurun ve ışığına, kaynaklarına iade ediyorum.

Gerçek sistem, düzen, otorite... Senden hayatıma bolluk, neşe, yaşam enerjisi, sevgi, iyilik, güzellik, huzur talep ediyorum. Şimdi şu andan itibaren senden ne istersem bana hepsinin üzerine sağlık, huzur ve mutluluk ekleyerek ver.

Bugüne kadar senden yanlış ne talepte bulunduysam onların hepsine sağlık, huzur ve mutluluk ekleyerek düzenle, sen olmazları oldurabilirsin.

Gerçek sistem, düzen, otorite... Şimdi şu andan itibaren ana soyumdan ve baba soyumdan, bütün dede ve ninelerimin, kadın ve erkek atalarımın işlemiş oldukları büyük günahlar için onlar adına senden af diliyorum.

▶

Ben ağacın ucundaki en küçük çiçeğim, ağacın kökünden gelen sorunların, aile soyundan gelen sorunların bana ve benden sonraki zürriyetime etki etmesinden sana sığınıyorum, lütfen bağışlayıcı ve Rahman sıfatınla yaklaş bana. Binlerce şükür ve hamt sana olsun.

Gerçek sistem, düzen, otorite...

Bu duayı/niyeti sabah 3, öğlen 6, akşam 9 olmak üzere 3 gün boyunca okuyabilir, sonra bir gün ara verip 6 gün boyunca daha okumaya devam edebilir, arkasından yine bir gün ara verip bu kez 9 gün boyunca devam edebilir Oğlak'lar. Okuyarak, yazarak, seslendirerek bu duaya/niyete devam eden Oğlak insanı kendine göksel bir koruma kalkanı edinmiş olur ve bunun da hayatında nasıl bir fark yarattığını görmeye başlar.

KOVA: Topluma ışık olarak gönderilmiştir Kova. Uranüs ve Satürn'ün sınırları zorlayan, özgürleştiren, zeki, bilge ve isyankâr çocuğudur Zodyak'ın. Sistemleri değiştiren, ben bilincini biz bilinciyle yıkan, gerçekten gelişerek büyümenin ancak bilgiyle mümkün olabileceğini bilen, bağnazlıkla ve tutuculukla en akılcı biçimde mücadele eden, toplumları ve sistemleri değiştirendir Kova burcu...

Hazreti Muhammed de Plüton-Kova'dır ve aynı şekilde Atatürk de Mars-Kova, Ay-Aslan'dır. İkisi de toplumlara yeni bir düzen inşa etmiştir. İkisinin ortak özelliği Jüpiter, Satürn ve Venüs, Neptün kavuşumlarında doğmalarıdır. Biri peygamber, diğeri komutan olarak düzen değiştirmeye adeta görevli olmuşlardır. Haritalarında ilginç benzerlikler vardır.

Kova insanı asla bireysel acıların, saçma kırgınlıkların insanı değildir, o topluma ışık olarak gönderilmiştir. Bilgiyi arayan, bulan, yayan, kalıpları yıkan, özgürlüğe gem vuran tüm bağları koparandır. Kova burcu, bencilleşen ve sadece kendisi için yaşayan kralları ıslah edendir, onun için asiller sınıfı yoktur, insanlar yalnızca iyiler ve kötüler olarak ikiye ayrılırlar. O özgür düşünen, özgür yaşayan, asla hapsedilemeyendir. Göklerden gelen bilgilerin açıldığı kapı, göksel bilgileri yıllar öncesinden seçebilen büyük akıldır.

Kova insanı öylesine dünyaya gelmiş olamaz. Kova insanı sadece kendisi ve ailesi için değil koskoca dünya için yaşar. Herkes kendi çekirdek ailesine odaklanırken o, dünyayı kendi ailesi olarak bilir.

Kova burcu, kışı sabitleyen burçtur. Zor şartlar, çetin konular, önemli olaylar onun zamanına denk gelir. Ocak sonu şubat boyunca insanlar dünyanın sadece kendilerine ait olmadığını anlamak zorunda kalırlar. Dünyada kediler, köpekler, kuşlar, ağaçlar, başka canlılar da vardır. İnsan eğer bunu hatırlamazsa kış onun için çok ama çok çetin geçer. Bencilleşen insanların, aslında ne kadar âciz olduklarıyla en net biçimde yüzleştikleri zamandır Kova zamanı...

Bencillikler ve nankörlükler insanoğlunun yüzüne tokat gibi çarpar. Haksızlığa uğrayanlar haklarını çalanlarla yüzleşecektir. Bencil ve nankör insanlar kolayca yendiklerini düşündükleri zayıf insanlara yenileceklerdir. Kova, herkesi uyandırabilme gücüne sahiptir. Bu güç onda mevcuttur.

Öncüdür, başlatıcıdır ama bir o kadar da sadık ve sabit bir isyankâr olduğunu hatırlamalıdır, yediği tokatlar onu harap ettiğinde özgürlüğünü ve gücünü hatırlamalıdır. Kova'nın 5. evine İkizler hükmeder.

Düaliteyi görmeli, olayları sadece kendi algıladığı biçimle sınırlandırmayı bırakmalıdır.

Başkalarının ona öğretebileceği bilgiler olduğunu kabul etmesi, buna merak duyması, her şeyi biliyormuş gibi davranmadan dinlemeyi bilmesi, kısa ve basit bilgilerde de iyi şeyler bulabileceğini fark etmesi Kova insanının kurtarıcısıdır. Yazmak, okumak, anlatmak Kova insanının şifasıdır.

Hayatta neşesini kaybetmiş bir Kova insanı, yazmalı, okumalı, düşünmeli, araştırmalı, öğrenmelidir. Ne kadar öğrenir ve konuşursa o kadar iyileşir, neşelenir ve şifalanır. Çünkü o bir bilgedir. Bunu hatırlamalıdır ve kendi derdiyle yorulup kederler içinde kaldığında bilgiden uzaklaşmıştır. İçsesini duyamamıştır. Düaliteyi fark etmemiştir.

Eğer otoriteyle sorun yaşıyorsa, derinleşmesi gerekiyordur. Kova insanı sezgisel olarak 100 yıl öncesine hâkim ve 100 yıl sonrasını da tahmin edebilen bir zekâya sahiptir. Ne kadar derinleşirse, duygularını, sezgilerini ve aklını birleştirirse o kadar doğrusunu bulur. Kova insanı sıradan değildir.

Kendini kötü hisseden Kova insanı sevmese de güzel yemekler pişirmeyi deneyerek eserinin kokularını hissedebilir, tadını alabilir ve enerjisini yenileyebilir. Hindistancevizi, çilek, vanilya yağları Kova insanına iyi gelir, iyi şeyler hatırlatır. Kova insanının koku hafızası çok gelişmiştir, rüzgârla gelen tüm kokular onun için önemli ve özeldir. Kendisine iyi gelen kokuları ihmal etmemeli, koku seçimini iyi yapmalı ve bu kokularla haşir neşir olmalıdır.

Nefes egzersizlerini ihmal etmemeli, hayatına canlılık katacak olan hareket enerjisini sporla canlandırmalıdır. Bolca hava almalıdır. Üflemeli çalgılarla, flütle, neyle de haşir neşir olabilir. Çalmak ya da dinlemek çok iyi gelecektir, şifa olacaktır. Çok daraldığında üflemeli çalgılarla meşgul olmayı tercih edebilir.

Ney sesi eşliğinde Ya Alim, Ya Hâkim, Ya Bedii, Ya Mucit, Ya Hak esmalarının anlamlarına da odaklanarak en az yarım saat boyunca zikretmek çok faydalı ve şifalı olacaktır. Bu esmalar, Kova insanının yaşamdaki görevlerini yerine getirmesini, doğru yolda ilerlemesini, sezgilerinin açılmasını, bilgeliğinin kuvvetlenmesini, dünyevi dertlerden sıyrılıp liderliğe ve bilgeliğe ulaşmasını destekleyecek, ona anahtar olacak, rehber olacak esmalardır.

Aşağıda verdiğim duayı/niyeti 19 gün boyunca düzenli biçimde okumaya devam ettiğinde büyük destek alacak, zorlukların üstesinden kolaylıkla gelecektir.

Paralel ve misal âlemlerinde... Gerçek zaman, mekân ve boyutlarda... Gerçekler, zaman algısı, yalanlar, yıkımlar ve yapılanmalar... Kolaylıkla yenilenen hücreler... Kolaylıkla yenilenen evrenler... Kolaylıkla açılan geçitler ve kapılardan ruhuma, evime, yuvama, sadece Allah'ın saf ışığı girsin ve sadece Allah'ın saf ışığı yayılsın hücrelerime... Hiçbir şeyden her şeyi mümkün kılan rastlantılar... Planlar, düzenler, sistemler... Gerçek, hür, alim... Plan, düzen ve sistemlere nüfuz eden neşe, kolaylık, sevgi... Hayallerin ötesinde güvenli ve mutlu yaşamlar... Gerçekler ve imparatorluklar... Hür alimler, gerçek ve imparatorluk... Hür alim... Var olan her şeyin, tüm sistemin yaratıcısı olan Allah... Diri ve hayat sahibi yaratan...Ya Hayy, Ya Halik... Cömert ve merhametli olan... Ya Kerim, Ya Rahman, Ya Rauf, Ya Rahim... Senden bilinmez sırlı isimlerinin ve hayret verici faaliyetlerin hatırına istiyorum. Ey Mucit ve var olan her şeyin yaratıcısı... Gerçek, hür, alim...

Ey sonsuz kaynak... Sen var olan her şeyin hükümdarı ve tüm varlıkların sahibi...

▶

Göksel âlemlerde her şey oldu bitti, kalem yazdı mürekkep kurudu. Allah olmazları oldurdu. Yüce Allahım senden hayatıma darlık veren tüm kederleri şimdi zaman ve mekân algısından beri ve ayrı şekilde yeniden yapılandırmanı talep ediyorum. Bu yapılandırmayı kolaylık, neşe, sevgi ve sağlıkla yap.

Gerçek zaman, mekân Ya Musavvir ve Bari, senden ışığımı çoğaltacak, zaferimi parlatacak, kendi tahtımı talep ediyorum. Bunu kolaylıkla bana ver. Parlayışıma ve neşeme engel olan tüm yanlışlar için senden özür diliyorum. Soyumdan, tüm ata, dede ve ninelerimden senin hukukunu çiğneyenler adına senden af diliyorum. Tüm yalan, ah, beddua ve benim başarıma, mutluluğuma, parlayışıma engel olan günahları, atalarımı ve dedelerimi de içine alacak şekilde sen nurunla temizle ve bağışla. Bana kutsiyetinden parlayış ve neşe ikram et. Ve öyledir, hem şimdi hem tüm zamanlara doğru.

Gerçek, hür, alim...

BALIK: Balık son burçtur ama aslında sondaki başlangıçtır. Artık dünyevi âlemlerle işimizi bitirip daha yukarılara doğru gitme vaktinin geldiğini anlatan Venüs, Neptün ve Jüpiter'in en sevdiği yerdir.

Beynin, aklın ve dünyevi standartların kısıtlamalarından sıyrılmanın zamanıdır. Kış ve bahar arasındaki limandır. Buz gibi kışı sıcacık bahara uyumlandıran, köprü kurandır.

Egonun sıfırlandığı, ben demenin tamamen bittiği, bununla birlikte biz demenin de tamamen bittiği, hiçliğin başladığı yerdir. Allah'a ulaşmak için yanıp tutuşan bir yürek, dünyada kendisini hiçbir şeyin mutlu etmediği mahzun kalp, her zaman düşünür durur. Sevgiyi insanda arar, sanatta arar, edebiyatta arar, sinemada arar, aynada arar, güzellikte arar, hayvanda arar, ağaçta arar ama bulamaz. Gerçek sevgi onun ruhuna nüfuz eden Allah'ın sonsuz ışığıdır. O her zaman bütünden kopan parça olmanın ıstırabını yaşar. Bunu fark ettiğinde sihirli güçleri ortaya çıkar. Her Balık insanı, Karlar Kraliçesi Elsa'ya benzer.

Elinde doğuştan sihirli bir değneği vardır. O sihirli değnekle ne yapacağını bilmez. Arkadaşını, eşini, dostunu, kardeşini dondurur. Doğuştan gelen sihirli yeteneklerini kullanmayı bilmeyen bir acemi gibidir, herkesi dondurduktan sonra insanlardan uzaklaşıp kendine buzdan bir kale yapar ve içine hapsolur. Artık sevgi dolu yüreğini öfke ve soğukluk sarmıştır. Duygularını ve sevgisini vermek isterken her şeyi dondurmuştur. Sonra yeteneklerini kullanmayı öğrenir, elindeki sihirli değnekle harika ülkeler oluşturur. Kötülere karşı koymayı öğrenir. İşte o zaman Elsa Karlar Kraliçesi olur... Her Balık insanı da böyledir. Doğuştan manevi yeteneklere sahiptir ancak bunu değerlendirmeyi öğrenene kadar ıstırap çeker. İnsanların ve dünyanın kötü bir yer olduğunu, kendisinin kurban olduğunu düşünür ama o kimsede var olmayan çok güçlü bir maneviyatla bu dünyaya gelmiştir.

Balık insanının kendine şunu hatırlatması çok önemlidir:

"Birilerine saflıkla inanırsam onun kurbanı olurum... Fakat birilerini kurtarmak için kendimi siper edersem yine kurban olurum... Demek ki benim kurban ve kurtarıcı rollerini bırakmam gerekiyor. Tek ve gerçek kurtarıcı olan Allah'a yönelmek, O'nun sonsuz ışığıyla ilerlemek niyetine girmeliyim."

Balık insanı bunu hatırladığında hayatında çok şey değişebilir. Sezgileri son derece güçlüdür, doğuştan gerçek bir medyumdur, rüyaları onun rehberidir. Ancak bazen körü körüne inandığı şeyler yüzünden hata yapabilir, bu konuda dikkatli olmalıdır.

Kendisini çok kötü hissettiğinde mutlaka lavanta yağları ve gülyağlarından destek almalıdır. Vanilya, hindistancevizi, çilek kokuları da ona neşe ve güçlü bir enerji verir.

Beş duyusuna hitap eden her konuda özel bir yeteneğe ve haz duygusuna sahiptir. Ayrıca sanat algısı çok güçlüdür, renklerde de şifa bulur. Özellikle resim yapmak, boyalarla uğraşmak, renklerin içine girmek, Balık insanı için çok kıymetlidir. Mavileri, yeşilleri, morları bolca kullanabilir, renklerle bütünleşebilir, renklerin enerjisine bürünerek iyileşebilir.

Ya Bedii, Ya Latif, Ya Vekil, Ya Selam isimlerinin anlamlarına da odaklanarak zikir yapmak Balık insanına çok iyi gelecektir. Bu dört isim Balık insanında uyanır ve ona çok faydalı olur. Esmaları sevdiği müzikler eşliğinde, renkli şeylerle uğraşırken, çiçekler arasındayken, çiçekleri koklarken zikrederse daha güçlü ve etkili sonuçlar alacak, çabuk rahatlayacak ve sorunlarından kurtulacaktır.

Zikre başlamadan önce gözlerini kapatarak dileklerini gözlerinin önüne getirmeli, hayalinde canlandırmalı, izlemelidir. Neşeden yoksun kalan Balık insanı, öncelikle işe ailesinden başlamalıdır. Ailesini olduğu gibi kabullenebilir ve onlarla arasındaki pürüzleri çözebilir. Böylece hayattan tat almaya başlayabilir, neşesi ve yaşam coşkusu yerine gelir.

Deniz kenarında bulunmak, Balık insanına her zaman iyi gelir. Suyla, çiçeklerle ve doğayla sık sık baş başa kalmaya özen göstermelidir. Gökyüzünü, bulutları uzun uzadıya izleyebilir, bu çok iyi gelecektir. Bol sıvı tüketmeye dikkat edebilir. Derin nefes çalışmaları yapabilir. Balık insanı yerle gök arasında, ben ve bizim üstünde, hiçlik makamındadır. Kendini her kötü hissettiğinde göğe bakmalıdır ve aslında hiçbir şeyin kendisine ait olmadığını, sadece Allah'ın bir parçası olduğunu hatırlamalıdır.

Eğer kariyer hayatında sorunlar yaşıyorsa özgürleşmeyi öğrenmelidir. Kalıpları ve sınırları aşmalıdır. Gözünü biraz daha yukarılara dikmelidir ve başka olasılıklar olduğunu da fark etmelidir. Daha cesur, neşeli ve dinamik olduğunda kapılar açılmaya başlayacaktır.

Kendini bedensel olarak yorgun ve hasta hissettiğinde ise mutlaka içindeki neşeyi açığa çıkarmalıdır, daha çok parlamalıdır, kendine daha çok bakmalı, ışıl ışıl olmalıdır. Ne kadar ışıldarsa o kadar faydasını görür.

Zor zamanlardan geçen Balık insanı aşağıda verdiğim duayı/niyeti sabah 3, öğlen 6, akşam 9 olmak kaydıyla 9 gün boyunca aralıksız okumaya devam ettiğinde kısa sürede kendini toparlar, feraha çıkar.

Gerçekler, zaman algısı, yalanlar, yıkımlar ve yapılanmalar... Kolaylıkla yenilenen hücreler... Kolaylıkla yenilenen evrenler... Hiçbir şeyden her şeyi mümkün kılan rastlantılar... Planlar, düzenler, sistemler... Gerçek yumuşaklık, sevgi, şefkat... Plan, düzen ve sistemlere nüfuz eden neşe, kolaylık, sevgi...

Hayallerin ötesinde güvenli ve mutlu yaşamlar... Gerçekler ve güvenlik... Gerçek ve güven... Sevgi, yumuşaklık, şefkat... Var olan her şeyin, tüm sistemin yaratıcısı olan Allah... Diri ve hayat sahibi yaratan... Ya Hayy, Ya Halik... Ben, biz, hiç... Cömert ve merhametli olan Ya Kerim, Ya Rahman, Ya Rauf, Ya Rahim... Senden bilinmez sırlı isimlerinin ve hayret verici faaliyetlerin hatırına istiyorum. Ey Mucit ve var olan her şeyin yaratıcısı... Ey sonsuz kaynak...

▶

Göksel âlemlerde her şey oldu bitti, kalem yazdı mürekkep kurudu. Allah olmazları oldurdu. Yüce Allahım senden hayatıma darlık veren tüm kederleri şimdi zaman ve mekân algısından beri ve ayrı şekilde yeniden yapılandırmanı talep ediyorum. Bu yapılandırmayı kolaylık, neşe, sevgi ve sağlıkla yap. Gerçek zaman, mekân Ya Musavvir ve Bari... Ben, biz, hiç...

Allahım senden kalbime düşen keder ve üzüntülerin neşeye dönüşmesine, ana ve baba soyumdan bana kalmış olan karma, ah, beddua, yalan, güvensizlik hissi, umutsuzluk, hırsızlık, haksızlık, aklıma gelen ve gelmeyen ve beni dara zora sokan tüm yanlış eylemlerin affını talep ediyorum. Beni ve hatalarımı affet. Ağacın kökündeki hastalığın yapraklara, dallara ve çiçeklere ulaşmasına izin verme. Ağacı kökünden iyileştir. Soyağacımı kökünden iyileştir ve bana dünyada güvenlikli bir yaşam alanı sağla. Duygusal ve maddi anlamda güvende hissetmek istiyorum ve bunu senden şimdi Rahman, Rauf, Bedii, Latif, Vedud, Kerim, Halik ve Hayy isimlerinle talep ediyorum ve Kayyum isminle ayakta tutmanı istiyorum.

Gerçek, sevgi, şefkat, ben, biz, hiç, cennet, tüm zaman, mekân boyut ve yaşamlarda.

Âmin!

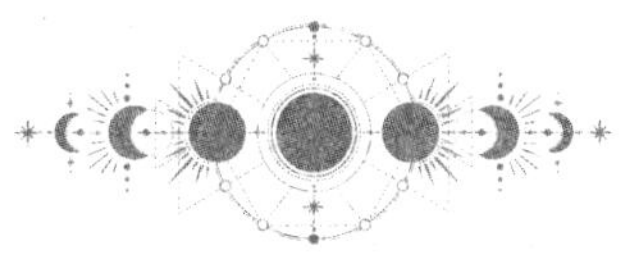

Hiçbir Şeyden Her Şey Mümkündür

Hepimizin karanlıkta ve çaresiz kaldığı zamanları olmuştur, olacaktır da. Sonsuz karanlığın içinde iyi bir düşünceye tutunma ihtiyacı duyarız, ama bulamayız çoğunlukla... O an bu çaresizliğin sonsuz olduğunu düşünürüz, bitmeyecek bir karanlığın içinde canlı olarak bekliyormuşuz gibi gelir. Keşke ölsek, daha mı iyi olurdu sanki düşüncesi doğar. Burası baht dönümü noktasıdır işte...

Ben de 23 yaşına kadar uzun bir karanlığın, çaresizliğin, talihsizliğin içindeydim. O noktadan iyiye dönmek mümkün değildi benim için. Fakat sonra bir şey oldu, baht dönümü noktasına vardığımın farkında değilim o zamanlar. Hikâye birden değişti. Hiçbir şeyden her şey mümkün olmaya başladı. İyileştim, ölümden döndüm, başardım, ödüller aldım, ilerledim.

Sonra anladım ki eğer ağır bir tehditle karşı karşıyaysan, düşmanlar, kötü insanlar, kazalar, hastalıklar, maddi manevi kayıplar... Bunların hepsi üzerine doğrultulmuş silahlar gibi duruyorsa karşında, baht dönümündesindir aslında. Allah'ın hukukunu çiğnemiyorsan bil ki bir şeyler olmaya başlıyor. Orada ölüp ruhunu teslim ettiğinde de yükseleceksindir ama eğer hâlâ burada zamanın varsa, koşullar ne olursa olsun sen doğruluktan şaşmadığında bütün senaryo birden değişiveriyor, hem de en karanlık sahnesinde...

Kargalar kartallara zarar vermeye çalışır, kafalarını gagalarlarmış ama kartallar dövüşmezmiş onlarla, bunun yerine daha da yükseğe uçarlarmış. Belli bir yükseklikten sonra nefes alamayan kargalar düşüp ölürlermiş...

Zorluklardan, tehditlerden ve kötü insanlardan kurtulmanın en iyi yolu onlarla mücadele etmektense daha yükseğe gözünü dikmekmiş aslında.

Korku doğal bir duygudur ama korkuya teslim olmak doğal değildir, o gönüllü bir yenilgidir, kader değildir. Korkunun şiddeti arttıkça mantıklı düşünmek, sağduyulu davranmak, doğru kararlar almak, sağlıklı hamleler yapmak imkânsız... Korku, aklı ve mantığı öldürür.

Doğal felaketler, insanların hayattan trajik biçimde kopması, korkuya büyük acıları da ekledi. "Ona olan bana da olabilir" kaygısı hem üzücü, hem korku dolu... Bu şekilde düşünmeye devam etmek, insanı suçlu da hissettirmektedir. Her can hayatta kalma içgüdüsüyle dünyaya gelir. Bu yüzden can korkusu yaşar.

Kendini ölüme gönüllü atan kişi bile, saldırı sırasında kendini koruma duygusuyla, canını korumak ister, hayatına sahip çıkmak ister. Her tehdit karşısında bilinçaltımız "Kendini koru!" sinyali verir. Kendimizi korumak deyince aklımıza gelen ilk şeyi düşünmeden yaparız. Deprem sırasında camdan atlamak, kaçmak, koşmak, bir şey fırlatmak, önce davranmaya çalışmak gibi... O an bizi koruyacağını düşündüğümüz eylem neyse sorgulamadan yaparız, sonuçlarının ne olacağını muhakeme bile etmeyiz, çünkü öncelikle hayatta olmak esastır bilinçaltımızda.

Tehdit ve tehlike anında sağduyu, muhakeme ve mantık, çoğunlukla devre dışıdır. Korku, hata yaptırır ve kendimizi koruma duygusunun üzerine çıkar.

Korku sırasında zihinsel önlemler almak gerekir. Bunun için de bilinçlenmek lazımdır.

Korku hissettiğinde ne yapabilirsin?

1. Soğukkanlı ol ve korkunun aklını öldürmesine izin verme.
2. Mantığınla tekrar irtibat kurana kadar korkunun sana hata yaptırmasına izin verme.
3. Korku-tepki sistemini harekete geçirme.
4. Bazen geri çekilmek ve plan yapmak daha doğrudur. Aklına zaman ver, doğru planları yapmak için kendini dengede tut. Korkuyu inkâr etme, korku seni korur ama aklını ele geçirmesine izin verme.

Çok sevdiğim bir hikâye vardır, sağır kurbağa... Kurbağalar arasında bir yarışma düzenlenmiş. Dik rampanın zirvesine tırmanmayı başarana ödül verilecekmiş. Kurbağalar start verildiğinde fırlamışlar ve rampayı tırmanmaya başlamışlar. Seyirciler birer ikişer aşağı düşenleri görünce başlamışlar bağırmaya. "Hiçbiriniz çıkamazsınız, çok dik, mümkün değil, imkânsız, yapamazsın, düştün, düştün, bak düştün işte..."

İzleyicinin sesi yükseldikçe kurbağalar patır patır düşmeye başlamışlar yere. İçlerinden sadece biri azimle devam ediyordur tırmanmaya. "Yapamazsın, düşeceksin!" çığlıklarına rağmen, zirveye varmayı başarır.

Bir tanesi çok merak eder. Şampiyon kurbağanın yanına gider ve zirveye çıkmayı nasıl başardığını sorar.

Kurbağa hiçbir şey duymadığını, sağır olduğunu işaret edip gider. "Yapamazsın, düşeceksin!" çığlıklarını işitmediği için sarsılmamış, etkilenmemiş, maniple edilmemiştir. Gözünü zirveye dikip öylece tırmanmıştır.

Korkular yüksek seslidir. Başaramama korkusunu etrafındaki insanların telkinleri sayesinde edinirsin. Yapamamakla, başaramamakla, düşmekle, rezil olmakla korkutulursun ve sahiden de bu korku yüzünden başaramazsın, düşersin, yapamazsın, rezil olmuş hissedersin. Oysa yapman gereken tek şey, sana korku aşılayanlara karşı sağır kalmak, gözünü hedefine dikip ilerlemektedir, o kadar.

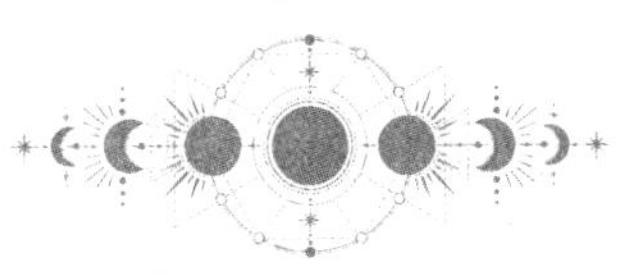

Mevsim Döngülerinde Yapılması Gereken Kadim Kökenli Manevi Çalışmalar

21 Mart'ta Güneş'in Koç burcuna yerleşmesiyle uzun bir kış mevsimi boyunca uykuya yatmış, sessizliğe, soğuğa ve karanlığa gömülmüş olan doğanın da uyanışı başlar. 21 Mart günü pek çok eski kültürde yeni bir yılın başlaması anlamına gelir. Artık çiftleşme, tomurcuklanma, filizlenme, çatırdama, coşku, tazelenme süreci başlar. Doğa canlanır, renklenir, hayvanlar ortaya çıkar, kuşlar gelir... Toprağın kış uykusundan uyanması, kadim kültürlerde doğurganlığın ve bereketin sembolüdür. Doğanın bu canlandırıcı, dölleyici ve bereketli sürecinde bu enerjileri besleyip büyütecek manevi çalışmalar yapılır.

Bu tarihlerde yapılan kutlamaların kökeni, insanlık tarihi kadar eskidir. Her din, her inanış, her kültür bazı manevi çalışmaları kendine özgü hale dönüştürmüş olsa da, mevsim döngülerindeki manevi çalışmalar, binlerce yıl öncesine kadar uzanır.

Uzun bir kışın ardından gelen baharı kutlamak, selamlamak, bereketi kucaklamak, ateş elementini uyandırmak, ateşin üzerinden atlamak, havanın ısınması ve doğanın bereketlenmesi üzerine duyulan sevincin bir yansıması gibidir.

Baharın gelişi *Divan-ı Lügat-it Türk*'te de coşkuyla anlatılır:

Türlüg çeçek yarıldı
Barçın yadım kerildi
Uçmak yeri körüldi
Tumlug yana kelgüsüz

Yani "Baharda türlü çiçekler açıldı, sanki ipek kumaştan döşek serildi, cennetin yeri görüldü, zaman ılıdı, soğuk hiç gelmeyecektir" der.

Elbette sonbahar da gelecektir, kış da gelecektir ama baharın gelişi verdiği coşkuyla, artırdığı yüksek ateş elementi gücüyle, sonsuza dek sürmesi arzusunu yaratır.

Türk kültüründe bahar kutlamaları farklı tarihlerde yapılabiliyor ama genel olarak eski uygarlıkların 21 Mart gününe önem verdiğini görürüz.

Eski Türk kavimlerinde de yılbaşı yine bu tarihe denk gelir. 12 Hayvanlı Türk Takvimi'nde de 21 Mart yılbaşı olarak kabul edilmektedir.

Mevsim döngülerinin enerjileri çok kuvvetlidir, kitleleri ve insanlığı etkiler. Bu döngülerin kuvvetli enerjilerinden faydalanabilmek için yapılması gereken manevi çalışmalara da önem vermek, özen göstermek gerekir.

21 Mart'la birlikte evlere bolluğu bereketi simgeleyen malzemeler almak çok kıymetli olacaktır. Tavşan sembolleri tercih edilebilir, bolca yumurta alınıp bol yumurtalı yemekler pişirilebilir. Özellikle 21 Mart gününde yumurtalı yemekler yapmak eve bolluk ve bereket enerjisi yağdırır. Bütün bahar ve yaz boyunca bolluk bereket açısından şanslı olmaya niyet edilmelidir. Kış gelene kadar bu enerjinin içinde olmak çok canlandırıcı,

destekleyici ve yaratıcı olur. Mevsim çiçekleri ekilebilir, toprakla haşir neşir olunabilir, evde ekmek pişirmeye daha çok imkân yaratılabilir.

30 Nisan-7 Mayıs: Bu tarihler arasında çok büyük bereket vardır. Şans kapıları aralanır. Hızır'ın zamanıdır. Hıdırellez kutlanır. Toprağın tamamen yeşermesi, bolluğun ve bereketin coşması anlamına gelir. Bu yüksek enerjinin desteğini almak, kişiye büyük açılımlar kazandırır, kolaylıklar verir, eylem kabiliyeti kazandırır, bolluk ve bereket yaşatır, hayatında tıkandığı alanları açabilmesini sağlar.

Hıdırellez'in kökü Arapça Hadra kelimesinden kökünden gelir ve "yeşil" demektir. Hızır'ın geçtiği yerleri yeşile bezediğine inanılır. Özellikle 5 Mayıs'ı 6 Mayıs'a bağlayan gece, gül ağacına dilekler asılır, ertesi gün suya atılır. Bu geleneği farklı şekillerde devam ettiren başka kültürler de vardır tabii ki. Avrupa'da Beltane olarak kutlanır, bizde Hıdırellez...

O gece Hızır ve İlyas'ın kavuştukları, buluştukları ve birbirlerine malumat verdikleri düşünülür. Gerçekten de doğanın yeşerdiği, tamamen canlandığı, Güneş'in Boğa burcuna geçtiği dönemdir.

Burada baharın artık tam olarak sabitlendiği ve enerjisini en güçlü biçimde yeryüzüne yaydığı gerçeğine odaklanmamız gerekir. Dolayısıyla bolca gül alınabilir, güllerle haşir neşir olunabilir, gül kokuları sürülebilir, yeşil renkli kıyafetler giyilebilir, yeşil doğal taşlı aksesuvarlar taşınabilir... Bu dönemin hayrından ve uğurundan faydalanmaya niyet edilerek, ateşler yakılabilir, mumlar yakılabilir, kalabalıklarla bir arada olunabilir, sosyalleşilebilir, yardımlaşılabilir, ateş ve toprak elementleriyle temas kurulabilir.

21 Haziran-23 Haziran: Güneş'in Yengeç burcuna yerleşmesi, yaz döneminin başlamasıdır. Güneş ışığından, ısısından ve enerjisinden fazlaca yararlanabileceğimiz güzel bir dönemdir. 21 Haziran'da gece vakti ateş yakılabilir, gündüz güneşi izlemek ve enerjisiyle şarj olmak çok iyi gelir. Bu süreçte bolca şükretmek lazımdır. Şükür enerjisi, bereket enerjisidir aynı zamanda...

Mevsim döngülerinde temel amaç doğanın akışına uyum sağlamaktır. Doğanın mevsimlerdeki enerjisini, gidişatını, duygusunu ve bilgeliğini kavrayıp onunla aynı yöne akabilmek esastır.

Yine bu süreçte de mevsim çiçekleriyle ve meyveleriyle bezeli güzel sofralar hazırlamak, sevdiklerimize ikamda bulunmak, güneşten daha çok yararlanacağımız şekilde davranmak ve şükran duymak, bereket ve şans getirir.

31 Temmuz-1 Ağustos: Artık yazın enerjisi zirvededir. Yaz mevsimi arasında sabitlenmiştir, çok güçlü bir döneme girilmiştir. Sıcağı en yoğun yaşadığımız süreç, sonbaharın da yaklaşmakta olduğu bilincinden uzaklaşmamız gerektiğini hatırlatır. Nasıl ki sabaha en yakın olduğumuz saatler gecenin en karanlık saatleriyse, kışa yakın olduğumuz günler de yazın en güçlü günleridir. Burada bilinçli olmak, sıcağın coşkusuna kapılıp gitmemek, önümüzde bizi beklemekte olan kışı da hatırlamak gerekir. Dolayısıyla bu döngü aynı zamanda bir hazırlık ve tedbir döngüsüdür.

Kışın bulmakta zorlanacağımız ürünler dondurulabilir, olgunlaşan meyveler toplanıp değerlendirilebilir. Bütün nimetler için şükran duyulabilir. Allah'ın doğa aracılığıyla verdiği her şeye saygı duyulabilir, şükredilebilir.

21 Eylül-23 Eylül: Gündüzle gecenin eşitlenmesinin ardından artık geceler uzamaya başlar. Kış karanlığının dünyaya yavaş yavaş egemen olmaya başladığı bir sürece girilir. Sonbahar başlamaktadır ve Güneş Terazi burcuna yerleşmiştir. Havalar serinlemeye başlıyordur. Uzun bir kışa başlamadan önce son hazırlıkların yapılması gerekir. Ayıklama, temizlenme, toparlanma, düzenlenme dönemidir. Kalabalıklardan ve canlı sosyal hayatlardan biraz geri çekilip daha uzun vadeli hazıklıklar yapabileceğimiz bir sürece girdiğinin bilincinde olanlar, kışı daha rahat, huzurlu ve keyifli geçirirler.

"Ah o işi neden havalar güzelken yapmadık ki, neden yazın gidip gelmedik ki, neden reçel yapmadık, neden salça hazırlamadık, neden badana yapmadık, neden mobilyaları havalar güzelken değiştirmedik?" yakınışları, bu hazırlık sürecini doğru değerlendiremeyenlerden yükselir genelde.

Ateş yakmak, mum yakmak, ışığın enerjisini hayatımızda çoğaltmaya odaklanmak kışın karanlık enerjisinde kaybolmamak için yapılan manevi hazırlıklardan sayılır.

Yavaşlamak bu süreçte iyi gelecektir. Kendimize dönüp, kendimizle vakit geçirip, içsesimizi ve sezgilerimizi dinlememiz gereken bir süreçtir bu. Hayatın gerçeklerini sorgulamak için çok doğru bir zaman... Bu geri çekiliş sürecinde kendini duygusal olarak kötü hissedenler altın kullanmaya başlayabilirler, altın aksesuvarlar taşıyabilirler üzerlerinde. Altın, güneşin sembolüdür ve eksikliği hissedilen sıcaklığın, parlaklığın, ışığın enerjisini canlı tutar.

Kış boyunca altın takılar kullanılabilir. Yatağımızın altında ya da demir nesneler bulundurabiliriz, kadim kaynaklar demirin insana koruyucu olarak geldiğini ve kötü ruhların demir olan yerlere yaklaşmayacağını söyler. Tüm şeytan, cin, insan ve hayvanlara hükmettiğine inanılan Kral Peygamber Hz.

Süleyman'ın mabedinde demir yoktur. Altın ve diğer tüm madenler, değerli taşlar vardır ancak demir yoktur. Çünkü mabedin yapımında insanlara zarar verebilecek olan şeytani varlıklar da burada çalışmıştır fakat Hz. Süleyman'a söz verdikleri için insanlara zarar vermemişlerdir. Şeytani varlıkların demiri sevmediklerine inanılır. Hatta büyükannelerimiz eskiden loğusa kadınların başucuna çuvaldız, bıçak ya da makas koyarlardı. Demir içeren nesnelerin şeytani enerjileri uzaklaştıracağına olan inanç çok eskilere dayanır. Büyüklerimizin geleneklerini çoğu zaman komik bulsak da hiçbirinin bir gecede verilmiş kararlar olmadığından emin olmalıyız. Bazen bir büyüğüne güvenmek, büyük sözü dinlemek hayat kurtarıcıdır.

Demirden yana zengin beslenmek vücudu, demiri bol ve kaliteli bir evde oturmak yuvamızı, başucumuzda, yatağımızda demir bulundurmak da manevi enerjimizi korur. Bağışıklığımızı güçlendirecek şekilde beslenmeye dikkat edebiliriz, egzersiz yapmaya başlayabiliriz, zira hareket, ateş elementi enerjisini canlı tutacaktır.

Bu tarihlerde üzüm hasadının da sonuna gelindiği için son hasatlardan lezzetli şerbetler yapmak, bolluğun ve bereketin daim olması niyetiyle komşulara şerbet ikram etmek, güzel sofralar hazırlayıp şükran duygusunun içinde bulunmak çok iyi gelecektir.

30 Ekim-31 Ekim: Sonbaharın iyice sabitlendiği, Güneş'in Akrep burcuna geldiği bu dilim, Cadılar Bayramı olarak bilinse de aslında ölmüş yakınlarımızı anmak ve ölümün de döngünün bir parçası olduğunu anlamak açısından kutsal bir süreçtir.

Yaprak döken, soğuğa ve cansız bir surete dönüşen doğa, ölümün bir yok oluş olmadığının, yeni bir bahara hazırlanmak olduğunun ifadesidir.

Ölmüşlerin, bu süreçte dünyadaki yakınlarını daha rahat gördüğüne, bu görüş için izinleri olduğuna inanılır. Ölmüşlerle dirilerin bu günlerde bir araya geldiği, hasret giderdiği kabul edilir.

Bu günlerde balkabağı çorba ikramları yaygın bir gelenek haline gelmiştir pek çok kültürde. Bu tarihlerde ölümün hakikatini idrak etmek, ölümün bir yok oluştan ziyade bir vuslat olduğunu, yaşam döngüsünün bir parçası olduğunu fark etmek çok önemlidir.

Ruhunu dinlemesi ve güçlü iç zenginliğine ulaşması için değerlendirilmesi gereken en güzel zamanlardır. Böyle zamanlarda doğayla baş başa olmak, serinleyen hava koşullarına rağmen doğada olmak, keşfetmek, ölüme ve ötesine odaklanmak, boyut değiştirdiğimizde arkamızdan doğaya ve doğanın döngüsüne hayırlı şeyler bırakmak adına harekete geçmeyi düşünmek, karar vermek çok doğru bir tercih olacaktır.

21 Aralık: Bu gece narla donatılmış bir sofra hazırlamak, sevdiğimiz insanlarla yılın bu en uzun gecesini geçirmek, kapılarda nar kırmak çok kıymetlidir. Bolca ikramda bulunmak, yılın bereketle geçmesine niyet etmek, en uzun gecenin koynundayken karanlıkta kalmamak adına dualar edip kandil ya da mum yakmak, karanlık yolları aydınlatacaktır.

20 Ocak: Artık çetin bir kış başlamıştır. Soğuk fazlasıyla keskindir. Dolayısıyla bu süreçte ateşin enerjisine tutunmak faydalı olur. Kandil yakmak, mum yakmak, altın takılar takmak, güneş sembolleri kullanmak, ateş ve ışık sembollerini evin kıymetli köşelerine yerleştirmek, aklı, bilimi, ilmi ve idraki ön planda tutmak, evde daha fazla vakit geçirip dinlenmek, okumak, araştırmak oldukça besleyici olacaktır.

Hayvanlar kış vakti çoğunlukla kış uykularına yatarlar, mağaralarına, yuvalarına çekilirler, pek ortalıkta görünmezler. Bu düzene muhalefet eden tek canlı insandır, oysa insanın da biraz geri çekilip kendi içine kapanmaya, evine ve sessizliğine dönmeye, manevi olarak ruhunu dinlemeye, yavaşlamaya, odaklanmaya ihtiyacı vardır.

Astrolojik takvimin son burçları olan Akrep Yay, Oğlak, Kova ve Balık zaten toplumsal uyanışa hizmet eden burçlardır. Doğadaki ve insandaki bu yavaşlamanın, derinleşmenin toplumsal uyanmışımıza hizmet ettiğini de unutmamak gerekir. Dolayısıyla süreci de bu bilinçle değerlendirmek kıymetli olur. Yavaşlayıp içe dönmek, kendini dinlemek, odaklanmak yaratıcı bir süreçtir. Bu süreci katiyen yatıp uyumaya, dertlenmeye, kederlenmeye, depresyona düşmeye meyledecek bir duygudan ve bilinçten algılama.

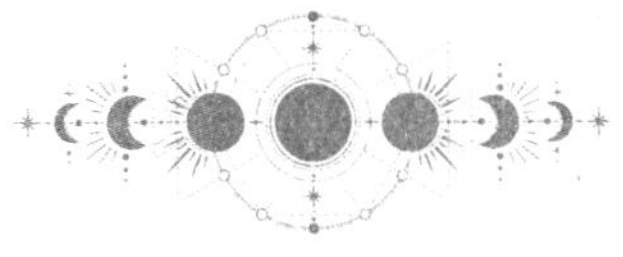

Hiçbir Şeyin, Bilinene Kadar Anlamı Yoktur Her Şey Bilinmek İster

İnsan bir âlemdir şu âlemin içinde, sen mi dünya içindesin dünya mı senin içinde?

Sanma koca kâinatta sen ufacık bir detaysın, o ufacık aklına âlemleri sığdıransın.

İnsan bedeninin göklerle benzerliği burçlar sahibi göğün on iki burcunun olması gibi bedeninin de dışından içine on iki yolu olmasıdır. İki kulak, iki göz, iki burun deliği, ağız, iki meme, göbek ve iki abdest yolu... Diğer bir benzerliği ise feleklerde yedi gezegen olduğu gibi, bedenin içinde de yedi asli uzvun varlığıdır.

Akciğer Ay'a, mide Utarit'e (Merkür), böbrek Zühre'ye (Venüs), yürek Güneş'e, safra Merih'e (Mars), karaciğer Müşteri'ye (Jüpiter), dalak Zühal'e (Satürn) benzer. Gökte birçok sabit yıldız olduğu gibi, bedende de pek çok sinir vardır. Felekte yirmi sekiz meşhur menzil olduğu gibi, bende de yirmi sekiz his ve sayılan güçler vardır. Felekte üç yüz altmış derece olduğu gibi, benden de

▶

açıklanan üç yüz altmış kan damarı vardır. Külli ve cüzi feleklerin sabit ve gezegen yıldızların çeşitli tabii hareketleri olduğu gibi, bedenin de zorunlu ve ihtiyari hareketleri vardır. Felek dört unsuru kuşattığı gibi beden de dört karışımı kuşatmıştır ki safra, ateş gibi kuru ve sıcaktır. Kan, hava gibi sıcak ve rutubetlidir. Balgam su gibi rutubetli ve soğuktur. Siyah köpük, toprak gibi soğuk ve kurudur. Dört unsurdan üç ana bileşim doğduğu gibi, bedende de dört karışımdan organlar doğmuştur. Gündüze örnek insanın neşesidir. Geceye örnek ise sıkılmasıdır. Gök gürültüsüne örnek insanın sesidir. Şimşeğe örnek onun nefesleridir. İlkbahara uygun çocukluk yaşıdır, yaza benzeyen gençlik ve olgunluk yaşı... Sonbahara uygun duraklama yaşı ve kışa uygun ihtiyarlık yaşıdır. Erzurumlu İbrahim Hakkı Hazretleri'nin Marifetname'de Ay fazlarına göre şöyle bir tavsiyeleri bulunmaktadır:

"Mehtapta hayvan eti kalsa az zamanda tadı ve kokusu değişir.

İlk yarıda balıklar su yüzüne yakın olup yağlı ve güçlü iken, ikinci yarıda dibe kaçıp güçleri ve yağları azalır.

İlk yarıda haşerat yeryüzünde daha çoğalır ve yırtıcılar canlıları yemeye daha heveskâr olur. İkinci yarıda bunun tersi olur.

Ay'ın ilk yarısında dikilen ağaçlar çabuk büyür ve çok gelişir; ikinci yarıda ise dikilen ağaçlar zayıf olur veya kurur."

Ay'ın çeşitli burçlarda doğuşunun hangi sahalarda getireceği faydalar hakkında da özetle şunları söylemekte İbrahim Hakkı:

"Ay;

Koç burcunda doğduğunda her işe başlamayı güzel say;

Boğa'da olduğunda evlen, ticaret yap, bina yap;

▶

İkizler'de doğduğunda gayrımenkul al, ilim oku;

Yengeç'te iken haberleşmeye değer ver, müshil kullan, seyahate çık;

Aslan'da iken ihtiyaçlarını, giderecek kişiye arz et, ziraat, tamir ve hacamat yap;

Başak'ta iken yeni giy, dostlarla sohbet et ve ibadete ağırlık ver;

Terazi'de iken alışveriş yap, sohbet eyle, Kuran dinle, devalı nesneleri iç;

Akrep burcunda iken, temizlen, arın, yalnızlığa çekil, sükût edip iç âlemine dön;

Yay burcunda iken kan aldır, hamam ve tıraşı iyi say;

Oğlak burcunda iken kuyu kaz, toprakla uğraş, alışverişi iyi say;

Kova burcuna geldiğinde vasıtalı olarak seyahate çık, güzel yerleri gez;

Balık burcunda iken de deniz seyahati iyidir, ortaklık ticareti iyi olur."

İnsan kendini kâinatta küçücük bir zerre gibi hissetse de, hatta bazen vahşi hayvanlardan farksız olduğunu düşünse de insanın özel ve eşsiz olduğu bir an vardır. Bir de gökyüzü ile uyum sağladığını **fark ettiği an**...

İşte o vakitten sonra açılır kapılar ve zaman doğru işlemeye başlar...

Kendini keşfeden insan kâinatın sistemini anladığı an, büyük yaratıcının bütün yaratımlarının önünde saygıyla eğilmiş olur. Farkında olan insan, yani uyanmış olan insan, kâinatın her zerresinde uyanmıştır. Taşı da okur, toprağı da, doğayı da okur, gökyüzünü de...

Evet, kâinatta küçücük parçalar gibi görünebiliriz, "Koskoca Zodyak benimle mi uğraşacak, Mars benim peşime mi düşecek, Merkür'ün işi yok da benimle mi uğraşacak?" gibi kuşku dolu sorular soruyor tabii çoğu insan... Oysa doğduğumuz an sadece bir burcun ya da bir gezegenin değil, bütün Zodyak'ın etkisini ve enerjisini içimizde taşırız. Ruhumuzda bütün bu yansımamaları barındırır ve etrafımıza da yansıtırız. Dolayısıyla biz kâinatın içindeyken bizim içimizde de koskocaman bir kâinat birikir.

Düşünsene, hiçbir sayıyla, hiçbir kavramla ölçülemeyecek büyüklükte bir kâinatı, aklımızla ve idrakimizle algılayabiliyoruz. Eğer bir şeyi algılayabiliyorsak, kavrayabiliyorsak, tahayyül edebiliyorsak, zihnimizde ölçüp biçip tartabiliyorsak, onunla hem dem olabiliyorsak, o artık bizden daha büyük ya da daha küçük değildir. Senin ona anlam katıyor olman önemlidir. Farkında ve uyanmış olan insan Allah için de, kâinat için de, tüm Zodyak ve gezegenler için de çok değerlidir. Çünkü hiçbir şeyin, bilinene kadar bir anlamı yoktur. Her şey kendini bilmek ve bilinmek ister.

Bilen insan, anlayan insan kâinat için çok değerlidir.

Kendi dışımızda ve çok uzağımızda gördüğümüz Zodyak içimizdedir aslında. Bütün gezegenler birer parçamızdır ve bizler de onları parçasıyızdır. Kâinatta her şey birbirine benzer çünkü hepsi ana kaynaktan, tek bir kaynaktan var olmuştur. Tek bir kaynaktan geldiğini ve her zerrenin birbirine kardeş olduğunu anlatan pek çok kutsal metin çıkmıştır karşına eminim. Mesela "Hepimiz yıldız tozuyuz" ifadesini de duymuşsundur muhakkak. Uzayda bulunan demirin, Dünya'ya nereden ve nasıl geldiği üzerine de çok düşünülmüştür. Dolayısıyla kâinattaki hiçbir şey birbirinden bağımsız değildir. Hepsi o büyük patlama sırasında birbirinden kopan, dağılan kardeş parçalardır. Ne yıldız bizden farklıdır ne de biz yıldızdan farklıyızdır. Hepimiz birbirimizi tamamlıyor ve birbirimize anlam katıyoruz. Yıldızların ve gezegenlerin anlam kazandığı an, bizim onları fark ettiğimiz andır.

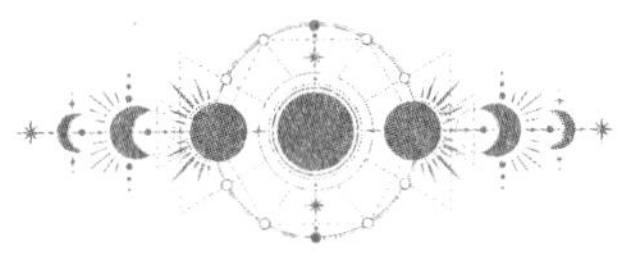

Doğal Afetler ve Ay Fazları

Ay fazlarının cinayetler, polisiye olaylar, depremler ve başka doğal afetlerle ilişkisi üzerine yapılan çalışmalar gösteriyor ki polisiye olaylar çoğunlukla dolunay zamanlarında etkiliyken, depremler hem yeniay hem dolunay fazına yakın tarihlerde gerçekleşiyor.

Elbette sadece yeniay ya da dolunay bir doğal afeti tetiklemez. Öyle olsaydı eğer, her ay en az iki büyük doğal felaket yaşıyor olurduk, zira her ay bir yeniay ve bir de dolunay yaşıyoruz. Ancak aynı anda gezegenlerde olumsuz bir hizalanma söz konusu olursa, yeniay ya da dolunay, bu etkiyi büyütebiliyor. Bilimadamları uzayın Dünya'mızı etkilediği konusunda hâlâ net değiller. Bazıları ihtimal verirken bazıları katiyen reddediyor.

Oysa insanlık tarihi kadar eski olan astroloji ilmi, yani gökcisimlerinin insanlar ve doğa üzerindeki etkilerini araştıran sistem ve bilgiler bütünü, bize her defasında gösteriyor ki Dünya'da yaşanan hezeyanların, olumlu-olumsuz olayların, gökcisimleriyle bağlantısı sadece Ay mı?

Elbette hayır. Güneş'in aktiviteleri de, üzerindeki patlamalar, lekeler ya da astrolojik açıdan aldığı pozisyonlar da dünya insanını ve doğayı büyük ölçüde etkiliyor. Şöyle bir benzetme yapabiliriz sanırım. Güneş Sistemi'ni kocaman bir aile gibi düşün. Evin reisi baba Güneş, annesi Ay, iletişimden sorumlu evladı Merkür, aşktan sorumlu olanı Venüs, bilgelikle, genişlemeyle ilgili olanı Jüpiter, daraltmakla mükellef olan Satürn, olayları çığırından çıkaran çılgın Uranüs, yıkıcı Platon ve uyuşturan, teslim eden Neptün...

Elbette tüm aile üyeleri birbirleriyle bağlantılı... Bilim bunu açıklamıyor ama çok defa müşahede edilmiştir ki sistem böyle...

Dolunay zamanlarında Dünya'nın elektromanyetik alanında ekstra iyonizasyon (bir atom veya molekülü iyona dönüştürme) süreci, elektron alarak ya da vererek gerçekleşir. Üretilen iyonun elektriksel yükünün artı veya eksi olmasına göre, süreç farklı işler. Bu dönemde Ay, Dünya'nın arkasındaki manyetik alanda bulunur ve buradan yaklaşık 4 günde çıkarak manyetik kuyrukta bir akıma neden olur. Bu akım Dünya'ya çarparak çok güçlü bir mıknatıs etkisi yaratır. Bu çekim gücü, eğer başka gezegen dizilimleri de söz konusuysa, doğal afetler başta olmak üzere canlı yaşamını olumsuz yönde etkileyebilir. Bu nedenle dolunay zamanları daha dikkatli olmak gerekir.

Dolunay zamanı vücudumuz şişer ve ödem yapar, daha duygu yüklü oluruz ve hata yapma ihtimalimiz artar, öfke duygumuz yükselir. Duygusal olarak hassasiyetlerin yaşandığı, ayrılıkların, kopuşların, küskünlüklerin ve polisiye olayların arttığı bir süreçtir.

Yeniay, astronomide Ay'ın evrelerinden ilkidir. Dünya'dan bakıldığında Ay ile Güneş aynı tutulum boylamına sahip olduğunda meydana gelir. Ay, bu aşamada görünmezdir, Dünya ve Güneş arasına girer, sıralı dizilirler. Ay Güneş'ten gelen ve ancak mikroskobik düzlemde izlenebilecek kadar minik olan partiküllerin akımını keser, böylece Dünya'nın manyetik alanında dengesizlikler oluşur. Zaten yer merkezinde de bir uyarılma ya da zayıflık söz konusu ise, bu durum gerçekten sarsıntılara neden olabilir.

Bireysel yaşamlarımız açısından bakıldığında "Her yeniay yeni bir başlangıçtır" deriz ama başlangıçları çoğu zaman bilinçli olarak yapamayız. Yeniay zamanı objektif olmak çok zordur çünkü Ay, Güneş tarafından yakılmaktadır ve bilinçdışı tamamen kendini bilinçten ayrı olarak ortaya koyar. Önünü alamadığımız değişimler ya da olaylar gerçekleşebilir.

Gökcisimlerine bakarken korkmak yerine bilinçli ve sağduyulu olmak gerekir. Gökcisimlerinin artıları ve eksileri konusunda uyanık olmalıyız. Düşün ki bir kadının âdet döngüsü bile Ay ile ilgili... Eskiler bu döngünün adını bile ay hali koymuşlardır. Hatta aybaşı da denir. Kadınların mensturasyonuyla Ay'ın döngüsü bire bir aynı olduğundan (28 gün) bu periyot halk arasında Ay'la isimlendirilmiştir. Eskiden dolunayda regl olan kadınlara kurt kadın gözüyle bakıldığı, onlara "cadı" dendiği de olmuştur. Yeniayda regl olanlara ise şifacı denmiş. Ay'ın her fazında kadının yumurtlama şekli ve duygu durumu değişir.

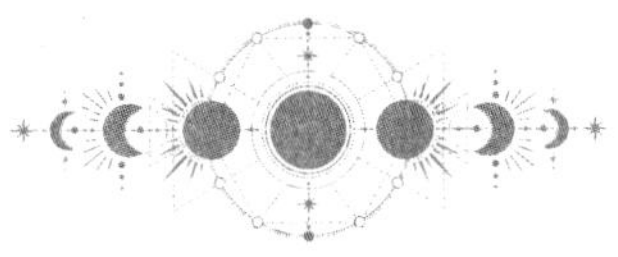

Burçların Mevsimler Üzerindeki Etkisi

Her insan, doğduğu mevsimin karakterinden ve tabiatından izler taşır. Koç baharı fişek gibi başlatan ateş, Boğa baharı sabitleyen, yeşillendiren güzellik, İkizler baharı yaza hazırlayan rehber, Yengeç yazı başlatan tutku yumağı, Aslan yazı kızıştıran ve kanlarımızı kaynatan parlak güneş, Başak yazı sonbahara hazırlayan ve hasat yapıp kara günler için tedbir alan çalışkan arı, Terazi egosundan vazgeçip soğuk sonbaharı başlatan büyüleyici güzellik, Akrep buz gibi kasırgalarla sonbaharı sabitleyen gözü kara fırtınalı deniz, Yay sonbaharı kışa hazırlayan ama bunu asla negatif düşüncelerle yapmayan meleksi peri, Oğlak kimsenin gözünün yaşına bakmayan, kışı başlatan gözü pek ve yüksekte dağkeçisi, Kova karakışı parlak güneşe inat sabitleyen aykırı bilge ve Balık karakışı ılık bahara hazırlayan pamuk kalpli meleksi şifacı...

Ne bir söz, ne bir fikir, ne bir mevsim, ne de bir işaret boşuna ve öylesine yaratıldı...

On iki aylık yıllık takvimin içinde dört mevsim yaşarız. Zodyak'ın on iki çocuğu da dört mevsime bölünür kendi içinde... Burçlar, temel özelliklerini, karakterlerini, değişmez bazı yapılarını çoğunlukla mevsimlerin karakterinden ve tabiatından alırlar.

Astrolojide Güneş, **Koç** burcuna sıfır derece girdiğinde takvim başlar. Bu sisteme göre burçların başkanı Koç'tur. Uzun bir kış mevsiminin ardından dünya üzerinde güneşin sıcak ve aydınlık yüzünü görmeye başlamışızdır artık.

Cemrelerin düşmesiyle havalar ısınmaya başlar. Güneş'in Koç burcuna sıfır derece temas ettiği an astrolojik olarak yılbaşıdır astrologlar açısından.

Her burç, otuzar derecedir ve her derecenin bir anlamı vardır. Güneş, sıfır derece Koç burcuna değdiği andan itibaren ilkbahar başlamış olur. Nevruz kutlamaları yapılır, dallar çiçeklenir, bir canlılık ve neşe baş gösterir. Uzun süren bir kışın ve derin bir uykunun ardından yeniden doğuş gibidir doğanın çiçeklenip, yeşerip, tomurcuklanması...

Güneş her burcu ayda bir kez ziyaret eder. Güneş'in her hareketi, diğer gezegenlerin hepsinden daha önemlidir. Çünkü Güneş, hayatın kaynağıdır. Her ay bir burcu ziyaret eden Güneş, ana konuları belirler ve her burç değiştirdiğinde mevsimler de beraberinde değişmeye devam eder.

Koç burcu ilkbaharı başlatır ve astrolojik açıdan yılbaşı kabul edilir. Koç burcunun sembolü boynuzdur. İnat, güç ve liderliği de sembolize eder. Güneş sıfır derece Koç burcuna girdiğinde hayat yeniden başlar adeta, doğa canlanır, tazelenir, yenilenir. Koç burcu bir şeyi devam ettirmekten ziyade başlamakla ilgilidir, hep yeni başlangıçlar yapan bir burçtur. Zodyak'ın bebeğidir. Liderlik yeteneği çok gelişmiştir. Kavga etse de affedebilme yeteneği yüksektir. İlkbaharın başlamasıyla Koç'lar çok neşelenir. Güneş de Koç burcuna bayılır. Uzun geçen bir kış mevsiminin ardından Güneş de Dünya'ya kendini göstermeye başlamıştır. Dolayısıyla Koç burcunun kadını ve erkeği, eril yönü güçlü insanlardır. Egonun parlamaya başladığı ilk adımdır. Koç burcu, yapısı itibariyle zaferlerle, fetihlerle, kazanmakla, kendini göstermekle, liderlik etmekle ilgilidir.

Baharı da başlatan olmakla birlikte, öncüdür, liderdir. Güneş, 20 Nisan gibi sıfır derece Boğa'ya geldiği andan itibaren tutkal görevi gören Boğa burcunun zamanı başlar.

Boğa burcu Koç'un başlattığı baharı sabitlemekle yükümlüdür. İlkbahar mevsimi, mayısta doruğa ulaşır. Boğa kararlarından çabuk vazgeçemeyen, sabit bir burçtur. Baharı kucaklayandır. Döngüyü yaza hazırlayan burç ise, İkizler'dir. Baharla yaz arasında denge kurmak zorunda olduğu için İkizler'in sağı solu pek belli olmaz, değişkendir. Baharla yaz arasında ılımanlaştırıcı bir görevi görür. İkizler burcu krallığında şartlar değişkendir.

Güneş ışınları haziran sonu sıfır derece **Yengeç** dönencesine geldiği zaman gökyüzünde artık yaz mevsimi resmi olarak başlamış olur. Havalar iyice ısınır. Yengeç burcu, yüksek sıcaklığın ve doğurganlığın sürecidir. Doğduğumuz mevsim elbette karakterimizi de etkiler. Yengeç burcu, su burçları içerisinde öncüdür, anaçtır, ailevi konularda, duygusallıkta ve romantizmde zirvededir.

Yengeç yazı başlatan burçtur. Su burçları aile kurmaya ve evliliğe çok yatkındırlar ama aradıklarını bulamadıklarında birden fazla evlilik yapabilirler ya da ilişkilerde hataya açık olurlar. Çünkü Yengeç yuvanın öncüsü olmak ister.

Gökyüzünün en sabit ve en sıcak zamanı ağustostur. Güneş, en çok ağustos zamanı gösterir kendini. Aslan burcunun kralı ve yöneticisidir. Güneş kendini en güçlü şekilde Aslan burcunda ifade eder. Biz de Güneş'i Dünya'da en çok Temmuz sonunda ve Ağustos'ta görürüz. **Aslan** burcu yazı sabitleyendir. Sabit olmak, taviz vermemek demektir. Aslan'da yılın en sıcak zamanını yaşarız. Aslan burçları kibirli olabilirler ama her ortamın Güneş'i gibidirler, dikkat çekicidirler, sahneye yakışırlar. İçimizi ısıtırlar ama sabit olmalarından dolayı etraflarını zorlayıcılardır. Döngüyü sonbahara hazırlayan burç **Başak**'tır.

Aslan burcunda herkes çok eğlendi, tatilini yaptı ama artık ekinler iyice sarardı. Şimdi hasat zamanı... Saltanat ve safahat yerini artık çalışmaya, işe güce bırakıyor.

Havalar giderek soğuyacağı için kışa hazırlanmak gerekiyordur artık. Çalışkan ve takıntılı Başak burcu insanının, etrafındakileri bilinçsizce sürekli düzeltmeye çalışmasının sebebi bu mevsimsel etkidir. Yaz bitmekte, kış yaklaşmaktadır. Hasat için gecikmemek gerekir.

Güneş ışınları sıfır derece Başak burcuna girdiği andan itibaren sonbahar esintileri başlar. Başak burcu İkizler burcundan sonraki ikinci değişken burçtur. Eylül zamanı hırkalar çıkar dolaptan artık serinlik başlar. Sıcakla soğuk birbirine karışır. Yazın yakıcı sıcağına veda edilir artık. Karakışa hazır olmak için ürünler toplanmalı, saklanmalıdır. Güneş yavaş yavaş sahneden çekilmeye başlayacaktır.

Güneş'in sahneden biraz daha çekildiği burç, **Terazi**'dir. Terazi burcunun simgesi de çizgi üzerinde batmakta olan güneşe benzer. Güneş "Ben yavaş yavaş gidiyorum, hazırlığınızı yapın, önünüz karakış" der.

Güneş sıfır derece Terazi burcuna geldiğinde burada olmaktan pek mutluluk duymayacaktır. Ne kadar iyi insanlar olurlarsa olsunlar çoğunlukla ikinci plana atıldıkları için üzülen taraf olurlar. Kibarlıklarına rağmen bazen nezaketsiz davranışlarla karşılaşabilirler. Güneş kendini gösteremeyeceği için artık ego da kendini gösteremez olur.

Sonbaharı en kuvvetli hissettiren burç, **Akrep**'tir. Güneş Akrep burcuna girdiğinde artık sabit bir sonbahar enerjisi söz konusudur. Her şey ölür. 31 Ekim sonbaharın zirvesidir. Doğa derin bir kış uykusuna gireceği için, canlılık da artık iyice öldüğünden Cadılar Bayramı da bu dönemde kutlanır.

Doğa ölmüş, dallarda yaprak bile kalmamıştır artık. Toprak soğumaya başlar. Bu ölüm, yeni bir doğum için hazırlık süreci demektir aynı zamanda. Güneş artık kendini göstermiyordur, dünya daha karanlıktır.

İnatçı, kararlılığından ve kendinden taviz vermeyen, gizemli, insanların en karanlık sırlarını bile taşıyabilen burçtur Akrep. Sonbaharı kışa hazırlamaktadır.

Sonbaharın değişken burcu ise **Yay**'dır. Serinle soğuk arasındaki dengedir, kaynaştırıcıdır fakat değişken bir yapısı vardır.

Mevsimleri sabitleyen Boğa, Aslan, Akrep ve Kova burçları ne kadar tavizsizseler, dengeleyici ve kaynaştırıcı burçlar olan İkizler, Başak, Yay ve Balık'lar daha değişkenlerdir, esneklikleriyle devamlılığı sağlarlar. Koç, Yengeç, Terazi ve Oğlak ise öncüler olarak, başlama ve başlatma enerjisiyle ilgililerdir. Kışın öncüsü ise **Oğlak**'tır.

Oğlak'lar tavizsizdir, aza razı olmayan, gereksiz risklerden kaçınan, karakışların aslında ne olduğunu iyi bilen, ayağını yorganına göre uzatan insanlardır. Yersiz eğlencelerden ziyade gerekli aktivitelerde yer alırlar.

Oğlak burcu neden genelde bardağın boş tarafını görür?

Çünkü kışın başlatıcısıdır o ve her şeyi düşünmesi gerekir. Hiç beklenmedik şeyler de olabilir. Önlemler açısından kuralları ve sorumlulukları vardır onların. Kimse bu burçtan taviz beklemesin.

Kışın en soğuk zamanı **Kova**'nın zamanıdır. Soğuk, başarıyla da ilgilidir. Kova'da ben bilinci biz bilincine dönüşür. Ego burada artık hiç görünmez. Egodan daha önemli değerler ortaya çıkmaya başlar. Biz bilinciyle kolektifin hayrına yapılacak işler, davetler, gruplar, insanların yararına yapılan aktiviteler öne çıkar...

Kışı ılımanlaştıracak olan burç ise **Balık**'tır. Güneş sıfır derece Balık'a girdikten sonra karakışlar ılımanlaşır. Balık, karakışla bahar arasında bir köprüdür. Böylece bahar yavaş yavaş başlar. Balık bir değişkendir ve bütünleştiricidir. Kışın sonudur. Artık ego tamamen erimiştir. Eriyen karlarla birlikte ego da yok olur. Tabii ki Koç'la birlikte "ben" duygusu yine doğacaktır.

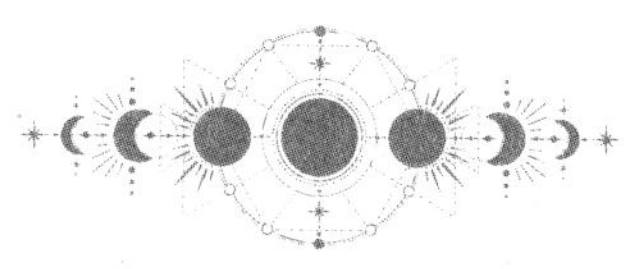

Felek Sensin

"Feleğin sen olduğunu anla.
Doğru yolun sen olduğunu; senin,
senden ve sana gideceğini anla.
Sen, aradığın şeyin gayesisin."
– İbni Arabi

Biz hep O'nu ararız, oysa O da hep bizi aramıştı, bizi yazmıştı Levh-i Mahfuz'a.

Her şey sevgi içindi.

Sevginin anahtarı da bilmekten, anlamaktan ve farkında olmaktan geçiyordu.

Sen kendini âciz gören Can!

Sen kendine her daim bir yol arayan, "Biri beni gütsün" diye ya da "Gelecekten haber versin" diye bekleyen kişi!

Sen o aradığın yolun en has, en hakiki yolcususun, sen aradığın ışığın kendinden ışık verdiği, aradığın nefesin kendinden nefes verdiğisin.

Sen dışarıda kural, kaide, emir, yasak ararken, sen o aradığın kuralların uğruna kurulduğu aşk yeminisin.

Sen aramakta olduğun Rahman ve Rahim'in maksadı, gayesi, sevgisinden yarattığı biriciğisin.

Öyleyse O'nun hep yanında ve içinde olduğuna uyan!

Her şey senden sana.

Uyandırılmış kızlar anlar ne demek istediğimi...

Uyan.

O tohum, o aşk yemini senin içinde.

Bencil olma, ne dününe ne bugününe kahret.

Seni sevgiden yaratmış olan için sev.

Seni aşktan yaratmış olana âşık ol.

Sen çok güzel bir plan, çok sistemli ve özel bir icatsın, Mucit'inin övünmek istediği sevgi yumağısın. Mucit'ini övündür.

Hani o vakit melekler "Yeryüzünde kan döküp bozgunculuk yapacak olan insanı mı yaratıyorsun?" deyiverdiler, Yaradan da:

"Sizin bilmediklerinizi herhalde ben bilirim" dedi. Ve insanı kendi ruhundan üfleyerek yarattı.

Bunu anlıyor musun?

O eserine güveniyor.

Sen de O'nun bu güvenini boşa çıkarma, kendine güven ve yolunu aydınlatan sonsuz ilahi sevgiyle sarmaş dolaş ol.

Ey Allah'ın gayesi

Ey Allah'ın nefesi

Ey Allah'ın ışığı

Ey güzel kadın ve halis erkek

Kendine uyan.

Proje sensin.

Bozma güzel giden şeyleri.

Kimsenin içindeki ışığı öldürmesine izin verme, önce kadın uyanır, önce o olgunlaşır.

Ben küçükken dedem derdi ki:

"Erkekler 40 yılda kadınlar 40 günde erişir sırra..."

Kadınların uyanması hep daha çabuktur çünkü onlar Rahim'i taşıyor, çünkü o insanın yaratım alanının koruyucusu, bebeğin ve saflığın, bereketin ve sevginin yansıması...

Allah'ın yarattığı her şeyde yansımaları vardır, yaratılmış her şey O'nun varlığının, özelliklerinin yansımalarıdır.

Yanardağlar O'nun gerektiğinde zalimlere alevlenen Kahır yanını temsil ederken, rengârenk çiçekler ise letafetini, zarafetini ve cömertliğini temsil ederler...

Gören gözler için her yerde ve her şeyde hepimizin kendisinden geldiği kaynağın sahibi Allah'ın izleri vardır. Yaradan'ın sevgisi her şeyi sonsuzca kuşatmıştır.

Yolda yolcuyu arayan sen, yolcunun da, yolun da, hakikatin de, hikmetin de küçücük yüreğine sığan Yaradan'da olduğuna uyan. Bu uyanış kadında ve erkekte farklı tezahür eder ama kadınların uyanması hep daha kolaydır. Kadınlar Yaradan'ın sisteminde şefkat, koruyuculuk, anlayış, sevgi ve merhamet kavramlarının bilgisini doğuştan kendileriyle birlikte getirmişlerdir.

Ve sen erkek!

Doğru kadının kalbine dokunmasına izin ver. Ver ki onunla ihya olup dirilesin, onun kalbini yumuşatmasına ve seni sevgisiyle şifalandırmasına izin ver.

Son olarak:

Sen kadın ve erkek!

Birine çok özeniyorsan, özenme. Özenen kişi ziyandır, kendine haksızlık eden ve kendindeki cevheri göremeyendir.

Kimsenin aklına ihtiyacın yok ancak kendin olarak bir işe yarayacak ve başarılı bir hayat yaşayacaksın. Kendi ruhuna, özüne karşı hain olma. Sen filizlenmeye hazır bekleyen harika bir tohumsun, sal kendini toprağa, yeşer... Hem gönülleri şenlendir, hem gözleri yeşillendir, hem âleme nefes ol.

Unutma sen Allah'ın gayesi ve en güzel eserisin...